KOOPERATIVES LERNEN

THEORIE UND PRAXIS

Kooperative Lernformen verstehen
und in der Praxis anwenden

ausführlicher Theorieteil

100 Lernmethoden zur Schüleraktivierung

GEEIGNET AB DER 5. KLASSE

Robert Gerbheim

Inhaltsverzeichnis

1. Einleitung

Eine Gesellschaft kann nicht ohne ihre einzelnen Mitglieder überleben. Das zeigt sich auch an der Tatsache, dass ein Mensch innerhalb einer Gesellschaft nur deswegen überlebt, weil die Kooperation der Menschen in seinem Umfeld das Überleben erst ermöglicht hat. Es war demnach nicht nur das Individuum selbst, sondern die Gemeinschaft als Ganze. In menschlichen Gesellschaften sind die Individuen, die am ehesten überleben können, diejenigen, die am besten durch ihre Gruppe dazu befähigt werden.

Wie Schüler[1] miteinander interagieren, ist ein oftmals vernachlässigter Aspekt im schulischen Unterricht. Es werden zahlreiche Fortbildungsmaßnahmen dahingehend gefördert, um Lehrkräften zu helfen, angemessene Interaktionen zwischen Schülern und Materialien (also Lehrbüchern, Lehrpläne, Digitales, und weitere) zu arrangieren. Ferner wird ein besonderer Fokus auf die Interaktion zwischen Lehrern und Schülern gerichtet (Gesprächsführung, Konfliktlösung, angemessener Umgang, und weitere). Jedoch wird allzu häufig vernachlässigt, wie Schüler untereinander im Miteinander interagieren sollten. Genau dies steht jedoch gegen das allgemeine Gesellschaftsverständnis, weshalb das Ziel der nachfolgenden Ausführungen darin besteht, eine thematische Annährung zum kooperativen Lernen darzubieten.

Die Art und Weise, wie Lehrer die Interaktionsmuster zwischen Schülern strukturieren, hat einen großen Einfluss darauf, wie gut Schüler lernen, wie sie über Schule, Lehrer und Mitschüler denken, wie sie füreinander als Gesellschaftsmitglieder empfinden und schließlich zu welchem Grad ihr Selbstwertgefühl ausgeprägt ist. In den 1960er Jahren war das kooperative Lernen weitestgehend unbekannt und wurde von pädagogischen Kräften oftmals ignoriert. Die Grund-, Sekundar- sowie Hochschule wurde vielmehr von kompetitivem und individualistischem Lernen dominiert. Der kultu-

[1] Einzig aus Gründen der besseren Lesbarkeit wird auf die gleichzeitige Verwendung mehrerer Geschlechtsformen verzichtet. Sämtliche Personenbezeichnungen (nachfolgend ausschließlich männliche) gelten gleichermaßen für alle Geschlechter.

relle Widerstand gegen das kooperative Lernen basierte auf dem Sozialdarwinismus und seiner Prämisse, dass die Schüler die natürliche Selektion entsprechend des „Kampes um das Dasein" erlernen und vertiefen müssen. Darüber hinaus wurde der Mythos des rauen Individualismus fokussiert, der dem Einsatz von individualistischem Lernen zugrunde liegt.
Während dieses pädagogische Denken überwiegend den Wettbewerb dominierte, wurde er durch das individualisierte Lernen, das überwiegend auf B. F. Skinners Ausführungen (1953) über das „programmierte Lernen", „Behaviorismus" sowie „Verhaltensmodifikation" bzw. „Verhaltensanalyse" gestützt war, grundlegend in Frage gestellt.
Die pädagogische Praxis und das Denken haben sich jedoch im Laufe der Jahre zunehmend verändert. Kooperatives Lernen ist heutzutage ein akzeptiertes und oftmals favorisiertes Unterrichtskonzept auf allen Bildungsebenen – angefangen in Kindertagesstätten bis hin zu Universitäten bzw. Hochschulen jeder Art. Sogar in kleinsten wie auch größten Betrieben und Unternehmen steht das kooperative Lernen im Sinne des kooperativen Arbeitens im besonderen Fokus.

Kooperatives Lernen wird gegenwärtig in Schulen aller Regionen dieser Welt, aller Fachbereiche sowie aller Altersstufen eingesetzt. Aufgrund des so großen Spielraumes wird daher in diesem Werk davon abgesehen, den Fokus ausschließlich auf eine Schulform oder eine beschränkte Altersgruppe zu setzen, weil kooperatives Lernen von klein auf bis hin in das hohe Alter ständig stattfindet und demnach angewendet wird. Vielmehr soll das kooperative Lernen als ein heute akzeptierter und sehr empfehlenswerter Unterrichtsansatz so dargestellt werden, dass er allen Interessierten von Nutzen ist und somit allgemeingültig betrachtet wird.
Im ersten Teil dieses Werkes stelle ich Ihnen die theoretischen Zusammenhänge dar. Hierbei geht es um Arten, grundlegende Elemente sowie besondere Vorzüge des kooperativen Lernens. Dies schließt die Forschung mit den zentralen Ergebnissen sowie die Psychologie mit ein. In diesem Zusammenhang findet auch eine Einführung in Gruppenprozesse statt, die für das kooperative Lernen von besonderer Bedeutung sind. Im Anschluss an die theoretische Darstellung dieses Ansatzes werden im zweiten Teil 100 Unterrichtsmethoden vorgestellt, die das kooperative Lernen fordern und gleichermaßen fördern. Dabei handelt es sich um Unterrichtsmethoden, die ich aus meiner eigenen Erfahrung als jahrzehntelanger Lehrer schöpfe, welche auch gleichzeitig in den gängigen einschlägigen Literaturen Anerkennung erfahren.

2. Theoretische Zusammenhänge
des kooperativen Lernens

2.1 Definition von kooperativem Lernen

Die Lernziele der Schüler können so strukturiert sein, dass sie kooperative, wettbewerbsorientierte oder individualistische Bemühungen fördern. In jedem Klassenzimmer sind die Unterrichtsaktivitäten auf die Erreichung von Zielen ausgerichtet und werden unter einer Zielstruktur durchgeführt. Ein Lernziel ist in diesem Zusammenhang ein gewünschter zukünftiger Zustand des Nachweises von Kompetenz oder Beherrschung des im Fokus stehenden Fachgebiets. Die Zielstruktur legt die Art und Weise fest, in der die Schüler während des Unterrichts miteinander und mit dem Lehrer interagieren werden. Jede Zielstruktur hat dabei ihre Berechtigung (Johnson & Johnson 1989 & 1999).

Die Ziele eines Unterrichts unterliegen dabei den jeweiligen Bestimmungen eines Landes, im Fall Deutschlands den jeweiligen Bundesländern, weil Bildung in Deutschland Ländersache ist. Diese im entsprechenden Bundesland einheitlichen Zielvereinbarungen werden dabei kompetenzorientiert in Form von Lehrplänen bzw. Curricula zusammengefasst. Daraus lassen sich demnach individuelle, auf eine spezifische Schule maßgeschneiderte, hausinterne Curricula deduzieren, die in einer weiteren Ebene die Fahrpläne für die jeweiligen Lehrer sowie die Fächer darstellen.

Im optimal wirkenden Klassenzimmer würden alle Schüler lernen, wie sie kooperativ mit allen Akteuren im Klassenraum zusammenarbeiten, um selbstständig, effektiv, zielorientiert und mit Freude arbeiten können. Der Lehrer entscheidet, welche Zielstruktur in jeder Stunde umgesetzt werden soll. Dabei sollte eine bestimmte Zielstruktur weit oben in der Liste des jeweiligen Lehrers aufgeführt sein und ihr ein Großteil der Zeit gewidmet werden: die Kooperation.

Zusammenarbeit bedeutet, dass man zusammenarbeitet, um gemeinsam als auch gemeinsame Ziele zu erreichen. In kooperativen Situationen suchen Einzelpersonen nach Ergebnissen, die für sie selbst und für alle anderen Gruppenmitglieder von Vorteil sind. Kooperatives Lernen im Unterricht findet demnach in mehreren (Klein-) Gruppen innerhalb der Klasse statt, so dass die Schüler zusammenarbeiten, um ihr eigenes und das Lernen des anderen zu maximieren.

Man kann diesen Zusammenhang auch mit kompetitivem Lernen (die Schüler arbeiten gegeneinander, um ein definiertes Ziel zu erreichen, wie z. B. die Note „sehr gut" [= Note 1 in der Schule], die nur die besten und oftmals wenigsten Schüler erreichen können) und individualistischem Lernen (die Schüler arbeiten allein, um Lernziele zu erreichen, die nicht mit denen der anderen Schüler zusammenhängen) darstellen: Beim kooperativen Lernen werden die Bemühungen der Schüler auf einer kriterienorientierten Basis evaluiert, während beim kompetitiven sowie individualistischem Lernen die Schüler auf einer normenbezogenen Basis bewertet werden (= Bezugsnormen der Leistung). Es gibt zwar Einschränkungen, wann und wo kompetitives und individualistisches Lernen angemessen eingesetzt werden können, doch sie können jede Lernaufgabe in jedem Fachbereich mit jedem Lehrplan kooperativ strukturieren und somit aufwerten.

Die **Theorien über die soziale Interdependenz** (= soziale wechselseitige Abhängigkeit) begannen Anfang des 20. Jahrhunderts, als einer der Gründer der Gestaltpsychologie bzw. Gestalttheorie, Kurt Koffka, vorschlug, dass Gruppen dynamische Ganzheiten seien, in denen die gegenseitige Abhängigkeit der Mitglieder variieren könne. Einer seiner Kollegen, Kurt Lewin, verfeinerte Koffkas Vorstellungen in den 1920er und 1930er Jahren, indem er feststellte, dass:

1. das Wesen einer Gruppe die (durch gemeinsame Ziele geschaffene) Interdependenz zwischen den Mitgliedern ist, die dazu führt, dass die Gruppe ein „dynamisches Ganzes" ist, so dass eine Veränderung des Zustands eines Mitglieds oder einer Untergruppe den Zustand eines anderen Mitglieds oder einer Untergruppe ebenso verändert, und

2. ein intrinsischer Spannungszustand innerhalb der Gruppenmitglieder die Bewegung zur Erreichung der gewünschten gemeinsamen Ziele motiviert.

Damit eine Interdependenz besteht, muss mehr als eine Person oder Einheit beteiligt sein. Darüber hinaus müssen sich die Personen oder Einheiten sich gegenseitig beeinflussen, indem eine Änderung des Zustands der einen Person eine Änderung des Zustands der anderen verursacht. Aus der Arbeit von Lewins Schülern und Kollegen wie Ovisankian, Lissner, Mahler und Lewis kann abgeleitet werden, dass es der Antrieb bzw. die Motivation zur Zielerreichung ist, der kooperatives und konkurrierendes Verhalten motiviert.

In den späten 1940er Jahren erweiterte einer von Lewins Doktoranden, Morton Deutsch, Lewins Überlegungen zur sozialen Interdependenz und formulierte eine Theorie der Kooperation und Konkurrenz – *theory of cooperation and competition* – (Deutsch 1949 & 1962). Morton Deutsch konzeptualisierte in seinen Ausarbeitungen drei Arten von sozialer Interdependenz: positive, negative und keine. Die Grundprämisse von Deutsch war, dass die Art der Interdependenz, die in einer Situation strukturiert ist, bestimmt, wie die Individuen miteinander interagieren, was wiederum weitgehend über die Ergebnisse eines Prozesses bestimmt:

- Positive Interdependenz führt tendenziell zu einer förderlichen Interaktion,
- negative Interdependenz führt tendenziell zu einer gegensätzlichen oder konträren Interaktion, und
- keine Interdependenz führt zu einer fehlenden Interaktion.

Die Beziehungen zwischen der Art der sozialen Interdependenz und dem Interaktionsmuster, das sie hervorruft, werden als bidirektional angenommen: Jede kann eine andere verursachen und sich so wechselseitig bewirken. Deutschs Theorie dient seit 1949 als eine wichtige konzeptuelle Struktur für diesen Bereich der Untersuchung.

2.2 Was ist kooperatives Lernen?

Kooperatives Lernen umfasst mehr als die gemeinsame Arbeit der Schüler in Form eines labor- oder projektartig angelegten Unterrichts. Es erfordert von Lehrern in erster Linie, die kooperative Interdependenz zwischen den Schülern zu strukturieren. Diese Strukturen umfassen **fünf Schlüsselelemente**, die auf verschiedene Weise umgesetzt werden können. Es gibt zudem verschiedene Arten von kooperativen Gruppen, die für unterschiedliche Situationen geeignet sind.

Schlüsselelemente des kooperativen Lernens

Wie eingangs dargelegt, unterscheiden fünf Schlüsselelemente kooperatives Lernen von der bloßen Gruppenbildung der Schüler zum Lernen (Johnson et al. 2006):

Positive Interdependenz

Lehrer können nachvollziehen, wann es ihnen gelungen ist, die positive Interdependenz zu strukturieren, wenn die Schüler das Bewusstsein dafür entwickelt haben, dass sie im Zusammenhang einer entsprechenden Aufgabe entweder gemeinsam untergehen oder gemeinsam erfolgreich sind (die Betonung liegt dabei auf *gemeinsam*). Dies kann durch gemeinsame Ziele, Arbeitsteilung, Aufteilung von Materialien und Rollen und auch dadurch erreicht werden, dass ein Teil der Note jedes Schülers von der Leistung der übrigen Gruppe abhängig gemacht wird. Die Gruppenmitglieder müssen glauben, dass die Bemühungen jedes Einzelnen nicht nur ihm selbst, sondern allen Gruppenmitgliedern zugutekommen. Die Aufteilung der Note handhabe ich dabei folgendermaßen: Die gesamte Gruppe erhält eine einheitliche Note. Darüber hinaus wird jeder Schüler einzeln bewertet, wodurch letztlich zwei Teilnoten resultieren. Nach eigens strukturierter Gewichtung kann nun die Endnote für jeden Schüler festgelegt werden (ich halte der Wichtigkeit wegen eine Gewichtung von 60 zu 40 zugunsten der Gruppennote für angemessen).

Individuelle Verantwortlichkeit

Das Wesen der individuellen Verantwortlichkeit beim kooperativen Lernen orientiert sich nach dem Motto „Die Schüler lernen gemeinsam, aber sie leisten es allein“. Dadurch wird sichergestellt, dass sich niemand bei der Arbeit der anderen des „Trittbrettfahrens“ bedienen kann. Die Ziele einer Unterrichtseinheit / -stunde müssen daher so klar formuliert sein, dass die Schüler in der Lage sind, zu messen, ob (a) die Gruppe sie erfolgreich erreicht hat und (b) die einzelnen Mitglieder sie auch erfolgreich erlangt haben.

Persönliche (förderliche bzw. begünstigende) Interaktion von Angesicht zu Angesicht

Wichtige kognitive Aktivitäten und zwischenmenschliche Dynamiken treten nur dann in Kraft, wenn die Schüler das Lernen gegenseitig fördern. Dazu gehören mündliche Erläuterungen eines Sachverhalts zur Lösung von Problemen, die Diskussion der Art der gelernten Konzepte und die Verbindung des gegenwärtigen Lernens mit dem bisher erlangten Wissen. Erst durch die persönliche, fördernde Interaktion werden die Schüler persönlich füreinander und für ihre gemeinsamen Ziele verpflichtet.

Zwischenmenschliche und kleingruppenspezifische Sozialkompetenzen

In kooperativen Lerngruppen lernen die Schüler sowohl akademische Inhalte (Aufgabenarbeit) als auch zwischenmenschliche und kleingruppenspezifische Fähigkeiten (Teamarbeit). Daher muss eine Gruppe wissen, wie sie effektive Führung, Entscheidungsfindung, Vertrauensbildung, Kommunikation und Konfliktmanagement gewährleisten kann. Angesichts der Komplexität dieser Fertigkeiten können die Lehrer weitaus höhere Leistungen fördern, indem sie kooperative Fertigkeitskomponenten im kooperativen Unterricht vermitteln. Wenn die Schüler diese Fähigkeiten entwickeln, werden künftige Gruppenprojekte wahrscheinlich reibungsloser und effizienter ablaufen als frühere.

Gruppenevaluation

Nach Abschluss jeder ihrer Aufgabe müssen die Schüler Zeit und den notwendigen Raum erhalten, um zu analysieren, wie gut ihre Lerngruppen funktionieren und wie angemessen ihre sozialen Fähigkeiten eingesetzt wurden. Die Gruppenbearbeitung umfasst sowohl Aufgaben- als auch Teamarbeit, um sie beim nächsten Projekt zu verbessern. Dieser oftmals vernachlässigte Punkt ist besonders entscheidend, weil dadurch an Stellschrauben für künftige Arbeiten gedreht werden kann, um so einen störungsfreien und freudvollen Umgang im Sinne des Flow-Erlebens zu begünstigen.

Implementierung der Schlüsselelemente des kooperativen Lernens

Es gibt eine Vielzahl von Techniken, die zur Förderung eines oder mehrerer der fünf Elemente effektiver kooperativer Lerngruppen eingesetzt werden können. Die folgende Liste soll daher an dieser Liste eine grobe Orientierung über die **Einsatzmöglichkeiten** aufzeigen, die im zweiten Teil dieses Buches näher aufgegriffen werden.

Positive Interdependenz - größer angelegtes Projekt

Damit sollen Schüler zunächst lernen, überhaupt in Gruppen zu arbeiten, um dahingehend eine Motivation zu entfachen, eine Lernaufgabe zu bewältigen, die ein Schüler nicht allein in einer angemessenen Zeitspanne bewältigen kann. Häufig sind diese Projekte interessanter gestaltet und können mehr lehren als ihre vereinfachten Formen.

Puzzlekonzepte

Hier wird die Gruppe in Experten für bestimmte Bereiche des zu lernenden Materials eingeteilt. Experten in einem Bereich arbeiten zusammen, um ein fundiertes Fachwissen in ihrem Fachgebiet zu entwickeln. Mit diesem Wissen ausgestattet, kehren sie dann zu ihrer ursprünglichen Gruppe zurück. Nun hat jeder ein anderes Expertenwissen, was in der Summe miteinander kombiniert und anschließend ausgewertet wird, um die zentrale Aufgabenstellung erfolgreich abzuschließen. Dadurch erlangt jeder einzelne Schüler eine Schlüsselfunktion und eine positive Interdependenz ist geschaffen. Eine vollständige Beschreibung dieser Herangehensweise finden Sie beispielsweise unter „Gruppenpuzzle“ im zweiten Teil.

Peer Review

Ein wichtiger Teil des Prozesses ist es, den Schüler die Möglichkeit zu geben, zu lernen, wie sie konstruktives Feedback geben und erhalten können. Mit dem Ansatz des Peer Review (hier: Schülerbewertung) beschreibt, wie man Schülerpaare oder -gruppen einsetzen kann, um sich gegenseitig beispielsweise bei schriftlichen Arbeiten zu helfen.

Zu den **Möglichkeiten, die positive Interdependenz zu fördern**, gehören (Smith und Waller 1997):

- **Interdependenz der Ausgangsziele** – ein einziges Produkt wird von der Gruppe produziert.

- **Interdependenz der Lernziele** – die Gruppe stellt sicher, dass jedes Mitglied das Produkt der Gruppe erklären kann.
- **Interdependenz der Ressourcen** – die Mitglieder erhalten Teile des Auftrags oder relevante Informationen oder die Gruppe erhält nur ein Exemplar des gesamten Auftrags, sodass nur die gesamte Klasse im Gemeinsamen die Aufgabe lösen kann.
- **Interdependenz der Rollen** – den Mitgliedern werden verschiedene Rollen zugewiesen, die für das Funktionieren der Gruppe von zentraler Bedeutung sind.

Individuelle Verantwortlichkeit:

- **Einzelne Noten:** Einzelne Schüler können bestimmte Aufgaben und Test erhalten. Ebenso können Teile von Gruppenprojekten unabhängig voneinander durchgeführt oder nach dem Zufallsprinzip ausgelost werden, wobei die Schüler mündlich / schriftliche Berichte über die Gruppenergebnisse abgeben können.
- **Bewertung durch Schüler innerhalb der Gruppe:** Eine weitere Möglichkeit, die Schüler davon abzuhalten, andere ihren Anteil an der Gruppenarbeit leisten zu lassen, besteht darin, dass sie ihre Mitschüler (anonym) bewerten und die durchschnittliche Bewertung aller Gruppenmitglieder eines Schülers als Teil seiner Note aufnehmen (Hinweis: Das klappt nur in Gruppen, in denen das Gefüge optimal miteinander harmoniert und Effekte wie Mobbing aufgeschlossen werden können).

Persönliche (förderliche bzw. begünstigende) Interaktion von Angesicht zu Angesicht:

- **Schülerrollen:** Ermutigen Sie die Schüler, mit mehreren Mitgliedern des Projekts zu interagieren, indem Sie ihnen Rollen zuweisen, die bei der Arbeit eine Interaktion mit dem Rest der Gruppe erfordern, z. B. Daten überprüfen, die Gruppe bei der Arbeit halten, Dokumentation der Arbeitsabläufe, Zeitwächter, und weitere.
- **Online Plattformen:** Gerade in der heutigen Zeit haben sich zahlreiche Möglichkeiten innerhalb von Schulen entwickelt, die ein digitales Lernen im Miteinander ermöglichen und

fördern. Mittlerweile werden solche Formen des Lernens auch von den einzelnen Bundesländern gefördert (z. B. die Niedersächsische Bildungs-Cloud). Diese Plattformen eignen sich hervorragend, da sie zum einen den Zahn der Zeit treffen. Zum anderen sind Schüler oftmals (aufgrund diverser Gründe) verhindert, ein persönliches Treffen zu arrangieren, weshalb ein Online-Zugang auch hier weitreichende Vorteile bietet. Der Lehrer kann dann auf diese Weise mit allen Schülern einer Klasse oder auch nur einzelnen Gruppen interagieren, Zwischenstände zu laufenden Projekten einholen und individuell sowie zielgerichtet unterstützend zur Seite sehen.

Zwischenmenschliche und kleingruppenspezifische Sozialkompetenzen:

- **Die Diskussion**
  Es kann hilfreich sein, Ihren Schülern zu erklären, warum sie zusammenarbeiten sollen und wie die Gruppe ihr Lernen fördern kann. Meiner Erfahrung nach fördert es die intrinsische Motivation enorm, wenn Schüler den Sinn und Zweck einer Sache nachvollziehen. Mit diesem tiefen Verständnis für die Aufgabe ergeben sich neue Möglichkeiten des kooperativen Lernens wie von selbst. Denn der große Vorteil liegt dabei auf der Hand: Verstehen Schüler, warum bestimmte Ansätze im Unterricht verfolgt werden, wird gleichzeitig ihre Kreativität angeregt und sie überlegen im Laufe der Zeit selbstständig, mit welchen kooperativen Konzepten ein bestimmtes Problem gelöst werden kann. Sie können als Lehrer also auch von den Schülern lernen und gleichzeitig Mut aufbringen, Ihre Schüler „machen zu lassen". Auch wenn dies wie ein Kontrollverlust wirken mag, wird dadurch ein großes Vertrauen in die Schüler gesetzt, was letztlich das Lernen und das Arbeitsklima begünstigen kann.

- **Die Praxis**
  Geben Sie den Schülern Zeit, um zu lernen, zusammenzuarbeiten, bevor sie schier spektakuläre Ergebnisse von kooperativem Lernen erwarten. Wenn Sie die Schüler zu Beginn des Schuljahres in Gruppen einteilen und sie eine Reihe von Projekten gemeinsam durchführen lassen, werden sie nicht nur die Arbeitstempi und besonderen Stärken des anderen kennen lernen. Vielmehr können sie sich so auf den anderen einstellen, um das bestmögliche Gruppenergebnis zu erzielen – ganz gleich, welcher symbolischen Note sie letztlich entspricht.

Gruppenevaluation:

- **Reflexionen**
  Es kann sich für die Gruppenmitglieder lohnen, nach dem Projekt individuelle sowie persönliche Reflexionen über das eigene Lernen festzuhalten, in denen sie (auf welche Weise auch immer) dokumentieren, welche Abläufe bzw. Teile des Projekts wirkungsvoll waren und welche Gruppenmitglieder zu verschiedenen Errungenschaften beigetragen haben. Mit diesen Teil-Reflexionen kann dann die Gruppe wieder zusammenkommen, um das Projekt als Ganze zu diskutieren. Fink (2003) beschreibt den Prozess „Lernen lernen" als einen von fünf Schlüsselkomponenten, die zu bedeutsamen Lernerfahrungen beitragen, da sie die Schüler befähigen, bessere Schüler zu werden, sich über ein Thema zu informieren und Wissen zu konstruieren sowie zu selbstgesteuerten Lernenden zu werden.

2.3 Forschungsstand

Umfang und Charakteristika der Forschung

Das Studium kooperativen, kompetitiven und individualistischen Arbeitens wird allgemein als eines der ältesten Forschungsgebiete der Sozialpsychologie anerkannt. Ende 1800 führten Triplett in den Vereinigten Staaten, Turner in England und Mayer in Deutschland eine Reihe von Studien über die Faktoren durch, die mit der Wettbewerbsleistung verbunden sind. Seitdem wurden über 750 Studien über die relativen Vorzüge kooperativen, kompetitiven und individualistischen Arbeitens und die Bedingungen, unter denen sie jeweils angemessen sind, durchgeführt. Dies stellt somit eine der größten Forschungsarbeiten in der Psychologie und Pädagogik dar.

Dahingehend wurde eine umfassende Literaturrecherche durchgeführt, um alle verfügbaren Studien aus veröffentlichten und nicht veröffentlichten Quellen zu identifizieren. Der Großteil der Studien enthielt genügend Daten, um eine Effektgröße zu berechnen (es gibt zudem Studien, aus denen eine Effektgröße nicht berechnet werden konnte) (Johnson & Johnson 1989). Die Forschung zur sozialen Interdependenz erfährt darüber hinaus eine externe Validität und eine Verallgemeinerbarkeit, die in den Sozialwissenschaften selten zu finden ist. Je mehr Variationen von Orten, Personen und Verfahren die Forschung aushalten kann und trotzdem die gleichen Ergebnisse liefert, desto mehr sind die Schlussfolgerungen nach außen hin gültig und wirksam. Die Forschung wurde über zwölf Jahrzehnte hinweg von vielen verschiedenen Forschungsgruppen mit deutlich unterschiedlichen theoretischen und praktischen Ausrichtungen durchgeführt, die in verschiedenen Umfeldern und Ländern vertreten waren.

Es wurde eine Vielzahl von Forschungsaufgaben, Möglichkeiten zur Strukturierung der sozialen Interdependenz und Messungen der abhängigen Variablen verwendet. Die Teilnehmer der Studien variierten von drei Jahren bis zu Erwachsenen nach dem Studium und kamen aus verschiedenen Wirtschaftsklassen und kulturellen Hintergründen. Die Studien wurden mit einer unterschiedlichen Dauer durchgeführt, die von einer Sitzung bis zu 100 Sitzungen oder mehr variierte. Die Forschung zur sozialen Interdependenz wurde in zahlreichen Kulturen Nordamerikas (mit kaukasischer, schwarz-amerikanischer, indianischer und hispanischer Bevölkerung) und in Ländern Nord-, Mittel- und Südamerikas, Europas, des Nahen Ostens, Asiens, des Pazifikraums und Afrikas durchgeführt. Die Sozialinterdependenzforschung umfasst zahlreiche Studien unterschiedlichen Designs, die in Bildungs-, Geschäfts- und Sozialdienstorganisationen durchgeführt wurden. Die Vielfalt dieser Studien verleiht der Theorie der sozialen Interdependenz eine breite Verallgemeinerbarkeit und erhebliche externe Gültigkeit.
Die Forschung hat sich auf zahlreiche Ergebnisse konzentriert, die sich in die breiten und miteinander verbundenen Kategorien der Arbeiten um die Erreichung, die Qualität der Beziehungen und die psychische Gesundheit einordnen lassen (Johnson 2003; Johnson & Johnson 1989 & 2005).

Mittlere Wirkungsgrößen für den Einfluss der sozialen Interdependenz auf abhängige Variablen (Johnson & Johnson 1989)

Abhängige Variablen	koop. vs. komp.	koop. vs. ind.	komp. vs. ind.
Leistung	0,67	0,64	0,30
Interpersonelle Anziehung	0,67	0,60	0,08
Soziale Unterstützung	0,62	0,70	- 0,13
Selbstachtung	0,58	0,44	- 0,23
Zeit für die Aufgabe	0,76	1,17	0,64
Einstellung zu der Aufgabe	0,57	0,42	0,15

Qualität der Argumentation	0,93	0,97	0,13
Perspektivübernahme	0,61	0,44	- 0,13
Studien hoher Qualität			
Leistung	0,88	0,61	0,07
Interpersonelle Anziehung	0,82	0,62	0,27
Soziale Unterstützung	0,83	0,72	- 0,13
Selbstachtung	0,67	0,45	- 0,25
Reine Operationalisierungen			
Leistung gemischter Operationalisierungen	0,45	0,13	
Leistung reiner Operationalisierungen	0,74	0,61	

koop. = kooperativ; komp. = kompetitiv; ind. = individualistisch

Das Bemühen um die Leistung

Aus der Tabelle geht hervor, dass die Kooperation wesentlich größere Anstrengungen zur Erreichung von Zielen fördert als kompetitive oder individualistische Bemühungen. Zu den Anstrengungen, die unternommen werden, um etwas zu erreichen, gehören solche Variablen wie:

- Leistung und Produktivität,
- langfristige Bindung,
- Verhalten hinsichtlich der Aufgabe,
- Verwendung von Argumentationsstrategien auf höherer Ebene,
- Generierung neuer Ideen und Lösungen,
- Übertragung des in einer Situation Gelernten auf eine andere,
- intrinsische Motivation,
- Leistungsmotivation,
- anhaltende Motivation zum Lernen und
- positive Einstellungen zum Lernen und zur Schule.

Insgesamt tendiert das kooperative Lernen dazu, höhere Leistungen zu fördern als kompetitive oder individualistische Bemühungen (Effektgrößen = 0,67 bzw. 0,64). Der Einfluss des kooperativen Lernens auf die Leistung bedeutet, dass, wenn Schulen die Schüler auf die Teilnahme an Leistungstests vorbereiten wollen, um lokale und staatliche Standards zu erfüllen, der Einsatz des kooperativen Lernens die Unterrichtspraxis dominieren sollte.

Ein wichtiger Aspekt des Schullebens ist das Engagement beim Lernen. Ein Anzeichen für Engagement beim Lernen ist die Zeit, die man sich nimmt. Kooperierende Schüler verbrachten wesentlich mehr Zeit mit der Aufgabe als kompetitiv arbeitende (Effektgröße = 0,76) oder Schüler, die individualistisch arbeiteten (Effektgröße = 1,17). Darüber hinaus tendierten kooperativ arbeitende Schüler dazu, sich mehr hinsichtlich der Aktivitäten und der Aufgaben zu engagieren, dem Erfolg mehr Bedeutung beizumessen und sich mehr „on-task" und weniger apathisch, „off-task" und störend zu verhalten. Schließlich wurde festgestellt, dass kooperative Erfahrungen im Vergleich zu kompetitiven und individualistischen Erfahrungen eine positivere Einstellung zu der Aufgabe und die Erfahrung der Arbeit an der Aufgabe fördern (Effektgrößen = 0,57 bzw. 0,42).

Die Qualität von Beziehungen

Die Qualität von Beziehungen umfasst Variablen wie zwischenmenschliche Anziehung, Sympathie, Zusammenhalt, das Wir-Gefühl und soziale Unterstützung. Der Grad der emotionalen Bindung, die zwischen den Schülern besteht, hat einen tiefgreifenden Einfluss auf das Verhalten der Schüler. Je positiver die Beziehungen unter den Schüler sowie zwischen den Schüler und dem Lehrer, desto geringer sind die Abwesenheits- und Abgangsquoten und desto größer ist das Engagement für die Ziele der Gruppe, das Gefühl der persönlichen Verantwortung gegenüber der Gruppe und die Bereitschaft, schwierige Aufgaben zu übernehmen. Darüber hinaus stärkt es die Motivation wie auch die Beharrlichkeit zur Erreichung des Ziels, die Zufriedenheit und Moral, die Bereitschaft, im Namen der Gruppe Schmerz und Frustration zu ertragen sowie der Wille, die Gruppe gegen Kritik oder Angriffe von außen zu verteidigen. Die Liste der Vorteile wird des Weiteren durch die Bereitschaft, den Mitschülern zuzuhören und sich von ihnen beeinflussen zu lassen, durch das Engagement für das berufliche Wachstum und den Erfolg des anderen und durch die Produktivität ergänzt (Johnson & Johnson 2009).

Es gibt über 175 Studien, die den relativen Einfluss von kooperativen, kompetitiven und individualistischen Arbeitsweisen auf die Qualität von Beziehungen untersucht haben sowie weitere 106 Studien zur sozialen Unterstützung (Johnson 2003; Johnson & Johnson 1989 & 2005). Die Kooperation fördert im Allgemeinen eine größere interpersonelle Anziehungskraft zwischen Individuen als kompetitive oder individualistische Arbeitsweisen (Effektgrößen = 0,67 bzw. 0,60). Kooperationserfahrungen fördern tendenziell eine größere soziale Unterstützung als kompetitives (Effektgröße = 0,62) oder individualistisches (Effektgröße = 0,70) Arbeiten. Stärkere Effekte werden bei der Unterstützung durch Gleichaltrige gefunden als bei der Unterstützung durch Vorgesetzte (hier: Lehrer). Die qualitativ hochwertigen Studien zeigen tendenziell noch stärkere Effekte des kooperativen Lernens auf.

Es wäre fahrlässig, gar vorsätzlich, die maßgebliche Bedeutung dieser Forschungsergebnisse zugunsten des kooperativen Lernens von der Hand zu weisen. Freunde und allgemein Peers im Sinne von Gleichaltrigen sind ein entscheidender Entwicklungsvorteil (siehe Johnson 2003; Johnson & Johnson 1989 & 2005). Es besteht ein enger Zusammenhang zwischen unsozialem Verhalten und Ablehnung durch die normale Peer-Gruppe. Schüler, die dahingehend im Unterricht auf Ablehnung gestoßen sind, neigen zu Defiziten in einer Reihe von sozial-kognitiven Fähigkeiten, einschließlich des Eintritts in die Peer-Group, der Wahrnehmung von Peer-Gruppennormen, der Reaktion auf Provokation und der Interpretation prosozialer Interaktionen. Von den Kindern, die an Kinderberatungszentren verwiesen werden, berichten 30 bis 75 Prozent (je nach Alter unterschiedlich) von ihren Eltern, dass sie Schwierigkeiten mit Gleichaltrigen haben. Darüber hinaus haben Kinder, die zur psychologischen Behandlung überwiesen werden, weniger Freunde und weniger Kontakt zu ihnen als nicht überwiesene Kinder. Ihre Freundschaften sind über die Zeit hinweg deutlich weniger stabil und ihr Verständnis für die mit Freundschaften verbundenen Wechselwirkungen und Intimitäten ist weniger ausgereift. Die Akzeptanz und die Freundschaft in der Peer-Gruppe kann durch den umfassenden Einsatz von kooperativem Lernen in einem entscheidenden Maße aufgebaut werden.

Psychische Gesundheit im Kontext von kooperativem Lernen

Asley Montagu (1966) pflegte zu sagen, dass mit wenigen Ausnahmen der Einzelgänger in jeder Spezies ein anormales Wesen sei. Ähnlich stellte Karen Horney (1937) fest, dass das neurotische Individuum jemand sei, der unangemessen konkurrenzfähig ist und daher nicht in der Lage ist, mit anderen zu kooperieren. Montagu und Horney erkannten, dass das Wesen der psychischen Gesundheit die Fähigkeit ist, kooperative Beziehungen zu entwickeln und aufrechtzuerhalten. Genauer gesagt, ist psychische Gesundheit die Fähigkeit (kognitive Fähigkeiten, motivationale Ausrichtungen und soziale Fertigkeiten), interdependente Beziehungen zu anderen aufzubauen, aufrechtzuerhalten und angemessen zu modifizieren, um Ziele erfolgreich zu erreichen (Johnson 2003; Johnson & Johnson 1989 & 2005). Menschen, die dazu nicht in der Lage sind, werden oft:

(a) depressiv, ängstlich, frustriert und einsam,

(b) neigen dazu, sich ängstlich, unzulänglich bzw. ungenügsam, hilflos, hoffnungslos und isoliert zu fühlen, und

(c) klammern sich starr an unproduktive und unwirksame Wege zur Bewältigung von Widrigkeiten.

Im Rahmen dieser Studien wurden eine Reihe von Untersuchungen durchgeführt, die kooperative, kompetitive und individualistische Herangehensweisen und Einstellungen mit verschiedenen Anzeichen der psychischen Gesundheit in Verbindung bringen (siehe Johnson 2003; Johnson & Johnson 1989 & 2005). Zu den untersuchten Stichproben gehörten Schüler der Sekundarstufe (aus der Mittelschicht) sowie jugendliche Inhaftierte gleichen Alters, erwachsene Gefangene, olympische Eishockeyspieler, erwachsene Stieffamilien und Führungskräfte aus der Wirtschaft in China. Die Vielfalt der untersuchten Probanden und die Vielfalt der Maßnahmen zur psychischen Gesundheit sorgen für eine beträchtliche Verallgemeinerbarkeit der Studienergebnisse. Es wurde eine starke Beziehung zwischen Kooperationsvermögen und psychologischer Gesundheit, ein eher durchwachsenes Bild mit Wettbewerbsfähigkeit und psychologischer Gesundheit und eine starke Beziehung zwischen individualistischer Orientierung und psychologischer Pathologie festgestellt.

Schließlich gibt es Belege dafür, dass die Zusammenarbeit im Sinne der Kooperation die häufigere Anwendung von Argumentationsstrategien auf höherer Ebene fördert als wettbewerbsorientierte (Effektgröße = 0,93) oder individualistische (Effektgröße = 0,97) Bemühungen. In ähnlicher Weise fördert die Kooperation tendenziell eine genauere Perspektivübernahme als kompetitive (Effektgröße = 0,61) oder individualistische (Effektgröße = 0,44) Ansätze. Je mehr kooperative Lernerfahrungen die Schüler machen, desto reifer werden ihre kognitiven und moralischen Entscheidungen und desto mehr werden sie dazu neigen, die Perspektiven anderer Menschen bei ihren Entscheidungen zu berücksichtigen.

2.4 Kooperatives Lernen – weit mehr als bloße Gruppenarbeit

Das Kernelement des kooperativen Lernens besteht darin, die positiven Auswirkungen der gegenseitigen Abhängigkeit aufzuzeigen und gleichzeitig die Bedeutung der Eigenverantwortung zu unterstreichen.

Dies geschieht auf natürliche Weise beim kooperativen Lernen, da die Schüler miteinander arbeiten. Gleichwohl ist zu unterstreichen, dass sie alle eine andere Aufgabe zu erfüllen oder ein anderes Konzept zu befolgen haben. Die Vorzüge dieses Ansatzes liegen dabei auf der Hand: Die Schüler befinden sich in einem sozial wertvollen Kontext, während sie im kooperativen Lernen arbeiten (dies ist allgemein zu verstehen, denn je nach Klasse und einzelnen Subjekten kann dies ein Vor- als auch ein Nachteil sein). Unabhängig davon kann die Erfahrung, sozial zu arbeiten, Schüler hinsichtlich ihrer sozialen Kompetenzen weiterentwickeln, was mit Blick auf unsere Gesellschaft als ganzheitliches und interdependentes System besonders wertvoll ist.

2.5 Arten des kooperativen Lernens

Wie eingangs erwähnt, gibt es mehrere Arten des kooperativen Lernens. Diese lassen sich in formales kooperatives Lernen, informelles kooperatives Lernen sowie kooperative Basisgruppen unterteilen. Im Folgenden werden diese näher betrachtet und ausgeführt.

Formales kooperatives Lernen

Formales kooperatives Lernen besteht darin, dass die Schüler für eine Dauer bis zu mehreren Wochen zusammenarbeiten, um gemeinsame Lernziele zu erreichen und gemeinsam spezifische Aufgaben und Aufträge zu erledigen (Johnson, Johnson & Holubec 2008). In formalen kooperativen Lerngruppen umfasst die Rolle der Lehrer mehrere Aspekte, darunter:

1. Treffen von Entscheidungen im Vorfeld der Ausführungen.

Die Lehrer:

- ✓ formulieren sowohl akademische als auch soziale Fertigkeiten,
- ✓ entscheiden über die Größe der Gruppen,
- ✓ wählen eine Methode für die Zuweisung der Schüler zu den Gruppen,
- ✓ entscheiden, welche Rollen den Gruppenmitgliedern zugewiesen werden sollen,
- ✓ ordnen den Raum an und
- ✓ bereiten die Materialien, die die Schüler zur Erfüllung der Aufgabe benötigen, vor.

Bei diesen Entscheidungen im Vorfeld des Unterrichts legen die Ziele für die sozialen Fähigkeiten fest, welche zwischenmenschlichen und kleingruppenspezifischen Fähigkeiten die Schüler lernen sollen. Durch die Zuweisung von Rollen an die Schüler wird die gegenseitige Abhängigkeit der Rollen festgelegt. Die Art und Weise, in der die Materialien verteilt werden, kann in diesem Zuge eine gegenseitige Abhängigkeit der Ressourcen schaffen. Die Anordnung des Raumes kann dabei ebenfalls eine gegenseitige Abhängigkeit in der Umgebung schaffen und dem Lehrer einen einfachen Zugang zur Beobachtung jeder Gruppe bieten, was die individuelle Verantwortlichkeit erhöht und Informationen für die Gruppenevaluation liefert.

2. Erläuterung der Unterrichtsaufgabe und der Kooperationsstruktur.

Die Lehrer:

- ✓ erklären den SchülerInnen die akademische Aufgabe (also die Sachstruktur),
- ✓ erläutern die Erfolgskriterien (= Transparenz schaffen),
- ✓ strukturieren die positive Interdependenz,

- ✓ strukturieren die individuelle Verantwortlichkeit,
- ✓ erklären die Verhaltensweisen (d. h. die sozialen Fähigkeiten und Anforderungen), die von den SchülerInnen erwartet werden, und
- ✓ betonen die Zusammenarbeit zwischen den Gruppen (dies verhindert im Sinne der Prävention die Möglichkeit der Konkurrenz unter den Schülern und dehnt die positive Zielinterdependenz auf die gesamte Klasse aus).

Die Lehrer können auch die Konzepte und Strategien vermitteln, die zur Erfüllung der Aufgabe erforderlich sind. Indem sie die in der Stunde hervorgehobenen sozialen Fähigkeiten erklären, operationalisieren die Lehrer zum einen die Ziele der sozialen Fähigkeiten der Stunde und zum anderen die Interaktionsmuster (wie z. B. die Mündlichkeit und das gemeinsame Erstellen von konzeptuellen Rahmenwerken), die die Lehrer schaffen wollen.

3. Das Lernen der Schüler überwachen und gegebenenfalls intervenieren, um Unterstützung zu bieten bei:

- ✓ der erfolgreichen Erledigung der Aufgabe oder
- ✓ der effektiven Nutzung der gezielten interpersonellen sowie gruppenbezogenen Fähigkeiten.

Während der Durchführung der Stunde überwachen die Lehrer jede Lerngruppe und greifen bei Bedarf ein, um die Aufgabenorientierung wiederherzustellen bzw. zu festigen sowie die Teamarbeit zu verbessern. Die Überwachung der Lerngruppen schafft individuelle Verantwortlichkeit; wenn ein Lehrer eine Gruppe beobachtet, neigen die Mitglieder dazu, sich als konstruktive Mitglieder verantwortlich zu fühlen und dies auch zu zeigen (bekannt aus der Psychologie unter der Terminologie *Hawthorne Effekt*). Darüber hinaus sammeln die Lehrer spezifische Informationen über förderliche sowie begünstigende Interaktionen, den Einsatz von gezielten sozialen Fähigkeiten und das Engagement in den gewünschten Interaktionsmustern. Diese Informationen können schließlich dahingehend verwendet werden, um in Gruppen zu intervenieren und die Gruppenevaluation zu steuern.

4. Bewertung des Lernens der Schüler und Unterstützung der Schüler bei der Verarbeitung der Funktionsfähigkeit ihrer Gruppen.

Die Lehrkräfte:

- ✓ bringen den Unterricht zum Abschluss,
- ✓ beurteilen und bewerten die Qualität und Quantität der Leistungen der Schüler,
- ✓ tragen dazu bei, dass die Schüler sorgfältig darüber diskutieren, wie effektiv sie zusammengearbeitet haben (d. h. die Effektivität ihrer Lerngruppen verarbeiten; siehe Reflexionen),
- ✓ lassen die Schüler einen Plan zur Verbesserung erstellen, und
- ✓ geben den Schülern die notwendige Zeit und den erforderlichen Raum, ihre Erfolge im entsprechenden Rahmen zu genießen.

Die Bewertung der Leistungen der Schüler hebt die Verantwortlichkeit des Einzelnen und der Gruppe hervor (d. h., wie gut jeder Schüler gearbeitet hat) und gibt an, ob die Gruppe ihre Ziele erreicht hat (d. h., ob sie sich auf die positive gegenseitige Abhängigkeit der Ziele konzentriert hat). Der letztgenannte Aspekt, die eigenen Errungenschaften zu genießen, ist eine Form der Belohnung der gegenseitigen Abhängigkeit, die leider allzu häufig vernachlässigt und unterschätzt wird. Als Lehrer müssen wir verstehen, dass Belohnungen Anreize für Progression schaffen können. Nach einem Erfolg (hier die gelungene Kooperation zwischen den Schülern zur Bewältigung einer Aufgabe) direkt zur nächsten Aufgabe zu ziehen, halte ich für höchst unwürdig. Im Sinne der Kooperation und des Gemeinschaftsgefühls sollte demnach an dieser Stelle ein entsprechender Rahmen geschaffen werden, um die Schülerarbeiten zu würdigen. Wie, bleibt stets im Ermessen der Lehrer sowie der Schülergemeinschaft. Einzig sollte darauf geachtet werden, dass der Belohnungseffekt auch spürbar vermittelt wird.

Das während der Gruppenbearbeitung erhaltene Feedback zielt auf eine bessere Nutzung der sozialen Fähigkeiten ab und ist eine Form der individuellen Verantwortung. Bei der Diskussion der Prozesse wird die kontinuierliche Verbesserung der förderlichen Interaktion betont. Die Interaktionsmuster müssen daher so gestaltet werden, dass das Lernen und die Bindung der Schüler an die jeweiligen Unterrichtsvorhaben maximiert wird.

Informelles kooperatives Lernen

Informelles kooperatives Lernen findet ihrer Anwendung darin, dass die Schüler in temporären Gruppen, die von einigen Minuten bis zu einer Unterrichtsstunde dauern, gemeinsam an einem gemeinsamen Lernziel arbeiten (Johnson, Johnson & Holubec 2008). Während eines Lehrervortrages, einer Vorführung oder eines Films kann das informelle kooperative Lernen dazu genutzt werden, die Aufmerksamkeit der Schüler auf das zu lernende Material zu richten, eine lernfördernde Stimmung zu schaffen sowie Erwartungen an das, was in einer Unterrichtseinheit behandelt wird, zu formulieren. Des Weiteren kann mit informellem kooperativem Lernen sichergesellt werden, dass die Schüler das zu unterrichtende Material kognitiv verarbeiten und einstudieren, das Gelernte zusammenfassen und die nächste Einheit vorbereiten, um so den Abschluss einer Unterrichtseinheit zu bilden.

Die Rolle des Lehrers bei der Nutzung des informellen kooperativen Lernens, besteht darin, vor und nach der Unterrichtsstunde zielorientierte Diskussionen zu führen und während der gesamten Unterrichtsstunde Partnerarbeiten sinnstiftend einzufügen. **Zwei wichtige Aspekte des Einsatzes informeller kooperativer Lerngruppen** sind:

1. die Aufgabe und die Anweisungen explizit und präzise zu vermitteln und
2. die Gruppen aufzufordern, ein bestimmtes Ziel (z. B. Gesetzmäßigkeiten der deutschen Sprache im Hinblick auf Präpositionen herauszuarbeiten) zu erreichen.

Der Ablauf kann dabei wie folgt strukturiert sein:

1. Einleitende zielorientiert Diskussion

Der Lehrer teilt die Schüler in Paare oder Dreiergruppen ein und erläutert

- ✓ die Aufgabe, die Fragen in einem Zeitraum von vier bis fünf Minuten zu beantworten und
- ✓ die positive Zielinterdependenz der Konsensfindung.

Die Diskussionsaufgabe zielt darauf ab, das Wissen der Schüler über das vorzustellende Thema im Voraus zu organisieren und Erwartungen über das, was der Lehrervortrag behandeln wird, zu etablieren. Die individuelle Verantwortlichkeit wird durch die kleine Größe der Gruppe gewährleistet. Es ist ein grundlegendes Interaktionsmuster des Herausarbeitens einer mündlichen Darbietung, der Argumentation auf höherer Ebene und der Konsensbildung erforderlich.

2. Periodisch durchgeführte, zielgerichtete Diskussionen

Die Lehrkräfte teilen beispielsweise den Vortrag (oder den Film bzw. anderweitige Präsentationsmittel) in 10 bis 15 Minuten-Segmente ein. Dies entspricht etwa der Zeit, die sich ein motivierter Schüler auf die präsentierten Informationen konzentrieren kann. Nach jedem Segment werden die Schüler aufgefordert, sich an die Person neben sich zu wenden und kooperativ an der Beantwortung einer Frage bzw. Bearbeitung einer Aufgabe zu widmen (die so spezifisch ist, dass die Schüler sie in etwa drei Minuten beantworten können). Diese Aufgabe sollte dabei eine kognitive Verarbeitung des gerade präsentierten Materials seitens der Schüler begünstigen. Im Konkreten könnte das wie nachfolgend dargestellt strukturiert sein:

- ✓ Jeder Schüler formuliert seine Antwort.
- ✓ Die Schüler teilen ihre Antwort mit ihrem Partner.
- ✓ Die Schüler hören der Antwort ihres Partners aufmerksam zu.
- ✓ Die Paare erarbeiten eine neue Antwort, die der ursprünglichen Formulierung jedes einzelnen Mitglieds überlegen ist, indem sie die beiden Antworten integrieren, auf den Gedanken des anderen aufbauen und eine Synthese herstellen.

Die Aufgaben kennen dabei keine Grenzen. Nachfolgende kommen in meinem Unterricht regelmäßig zum Einsatz (hier exemplarisch ein Muster aus der Oberstufe, 12. Jahrgang).

- ✓ Fasst das soeben Vorgestellte (Material, Filmausschnitt, Vortrag, ...) in wenigen Worten zusammen.
- ✓ Formuliert eine persönliche Reaktion auf die präsentierte Theorie, Konzepte oder Informationen.
- ✓ Überlegt, was als nächstes geschehen könnte. Stellt dahingehend Hypothesen auf.
- ✓ Findet eine Lösung für das Problem und haltet diese stichpunktartig fest.

- ✓ Bezieht die neugewonnenen Informationen auf vergangene und integriert es in einen konzeptuellen Rahmen.
- ✓ Löst den durch die Präsentation entstandenen konzeptionellen Konflikt.

Die Lehrer sollten sicherstellen, dass die Schüler versuchen, sich über die Auswahl an verschiedenen Antworten hinsichtlich der Fragestellung zu einigen (d. h. sicherstellen, dass eine positive Zielinterdependenz hergestellt wird) und nicht nur ihre Ideen miteinander teilen. Wählen Sie nach dem Zufallsprinzip zwei oder drei Schüler aus, die 30 Sekunden lang Zusammenfassungen ihrer Diskussionen geben. Eine solche individuelle Verantwortlichkeit gewährleistet, dass die Paare die Aufgaben ernst nehmen und sich gegenseitig überprüfen, um sicherzustellen, dass beide bereit sind, zu antworten. Der Lehrer sollte in regelmäßigen Abständen eine Diskussion darüber strukturieren, wie effektiv die Paare zusammenarbeiten (z. B. über eine Gruppenarbeit). Ein Belohnungssystem fügt den Paaren erneut eine positive gegenseitige Abhängigkeit hinzu.

3. Abschlussdiskussion fokussieren

Die Lehrer geben den Schülern eine Abschlussdiskussionsaufgabe von vier bis fünf Minuten. Die Aufgabe verlangt von den Schülern, das in der Präsentation Gelernte zusammenzufassen und in den bestehenden konzeptionellen Rahmen zu integrieren. Die Aufgabe kann den Schülern auch Hinweise darauf geben, was die Hausaufgabe umfasst oder was in der nächsten Unterrichtseinheit präsentiert wird. Dies bildet den Abschluss und somit den Rahmen des exemplarisch aufgeführten Unterrichts.

Informelles kooperatives Lernen stellt sicher, dass die Schüler aktiv in das Verständnis des Dargestellten einbezogen werden. Außerdem bietet es den Lehrern Zeit, sich in der Klasse zu bewegen und den Ergebnissen der Schüler zuzuhören. Das Beobachten von Schülerdiskussionen kann den Lehrern Orientierung und Einblicke in das Verständnis der Schüler für die Konzepte und das Material geben und die individuelle Verantwortung für die Teilnahme an den Diskussionen erhöhen.

Kooperative Basisgruppen

Kooperative Basisgruppen sind langfristige, heterogene kooperative Lerngruppen mit zuverlässigen Mitgliedern (Johnson, Johnson & Holubec 2008). Die **Hauptverantwortung der Mitglieder** besteht darin,

1. sicherzustellen, dass alle Mitglieder gute fachbezogene Fortschritte machen (d. h. positive Zielinterdependenz),
2. sich gegenseitig für das Streben nach Lernen zur Verantwortung ziehen zu können (d. h. individuelle Rechenschaftspflicht) und
3. sich gegenseitig bei der Erfüllung der Aufgaben zu unterstützen, zu ermutigen und zu helfen (d. h. fördernde, begünstigende Interaktion).

Um sicherzustellen, dass die Basisgruppen effektiv funktionieren, sollten die Lehrer in regelmäßigen Abständen die erforderlichen sozialen Fähigkeiten vermitteln und die Gruppen verarbeiten lassen, wie effektiv sie funktionieren. Typischerweise sind kooperative Basisgruppen heterogen in ihrer Zusammensetzung (insbesondere in Bezug auf Leistungsmotivation und Aufgabenorientierung), treffen sich regelmäßig (z. B. täglich oder wöchentlich) und überdauern für die Dauer der Klasse (z. B. ein Jahr) oder vorzugsweise auch mehrere Jahre (z. B. von der elften bis zur zwölften Klasse). Die Tagesordnung der Basisgruppe kann fachspezifische Unterstützungsaufgaben (wie z. B. sicherzustellen, dass alle Mitglieder ihre Hausaufgaben gemacht haben und sie verstehen oder die Aufsätze der anderen Mitglieder bearbeiten), persönliche Unterstützungsaufgaben (wie z. B. einander kennen lernen und sich gegenseitig bei der Lösung nicht schulbezogener Probleme helfen), Routineaufgaben (wie z. B. die Teilnahme an der Abschlussprüfung) und Beurteilungsaufgaben (wie z. B. das gegenseitige Verständnis der Antworten auf Testfragen zu überprüfen, wenn der Test zuerst einzeln abgelegt und dann in der Basisgruppe wiederholt wird) umfassen.

Die Rolle des Lehrers bei der Verwendung kooperativer Basisgruppen besteht darin, heterogene Dreier- oder Vierergruppen zu bilden, einen Zeitpunkt festzulegen, zu dem sie sich regelmäßig treffen (z. B. Anfang und Ende jeder Unterrichtseinheit oder Anfang und Ende jeder Woche) sowie spezifische Tagesordnungen mit konkreten Aufgaben zu erstellen, die eine Routine für die Basisgruppen darstellen, wenn sie sich treffen. Darüber hinaus besteht die Rolle des Lehrers darin, sicherzustellen, dass die fünf Grundelemente effektiver kooperativer Gruppen umgesetzt werden und die Schüler die Effektivität ihrer Basisgruppen regelmäßig bearbeiten.

Je länger eine kooperative Gruppe besteht, desto fürsorglicher werden ihre Beziehungen tendenziell sein, desto größer ist die soziale Unterstützung, die sie sich gegenseitig geben. Das führt zu einem höheren Engagement, sie sich für den Erfolg des anderen einzusetzen und erhöht den Einfluss, den die einzelnen Mitglieder aufeinander haben. Ständige kooperative Basisgruppen bilden den Schauplatz, an dem fürsorgliche und engagierte Beziehungen geschaffen werden können, die die soziale Unterstützung bieten, die zur Verbesserung des Schulbesuchs, zur Personalisierung der Bildungserfahrung, zur Steigerung der Leistung und zur Verbesserung der Qualität des Schullebens erforderlich ist.

Integrierte Nutzung aller drei Arten des kooperativen Lernens

Diese drei Arten des kooperativen Lernens können zeitgleich genutzt werden (Johnson, Johnson & Holubec 2008). Eine typische Unterrichtseinheit in einer meiner Klassen sieht dabei wie folgt aus: Wir beginnen mit einem Basisgruppentreffen, auf das ein kurzer Vortrag folgt, in dem informelles kooperatives Lernen eingesetzt wird. Auf den Vortrag folgt eine formelle Lektion über kooperatives Lernen. Gegen Ende der Unterrichtseinheit kann ein weiterer kurzer Vortrag unter Verwendung von informellem kooperativem Lernen gehalten werden. Die Stunde endet mit einem erneuten Basisgruppentreffen zur Rahmenbildung.

Nicht alle Gruppen sind kooperativ (Johnson & F. Johnson 2009). Menschen in einen Raum zu setzen und ihnen zu sagen, dass sie fortan eine Gruppe sind, bedeutet nicht, dass sie effektiv zusammenarbeiten werden. Um kooperativ zu sein, um das volle Potenzial der Gruppe zu erreichen, müssen die bereits aufgezeigten, fünf wesentliche Schlüsselelemente sorgfältig in die Situation eingeordnet werden. Die Beherrschung der **Grundelemente der Zusammenarbeit** ermöglicht es den Lehrern, folgende Punkte zu beherrschen:

1. Sie nehmen vorhandene Lehrpläne, Klassen und Unterrichtseinheiten und strukturieren Sie kooperativ.
2. Sie schneiden den kooperativen Lernunterricht auf die besonderen Unterrichtsbedürfnisse, Umstände, Fachgebiete und Schüler zu.
3. Sie diagnostizieren die Probleme, die einige Schüler bei der Zusammenarbeit haben könnten, und intervenieren, um die Effektivität der Schüler-Lerngruppen zu erhöhen.

2.6 Schlussfolgerungen und Zusammenfassung

Lehrer, die kooperatives Lernen einsetzen möchten, sollten ihre Unterrichtspraxis idealerweise auf eine durch die Forschung validierte Theorie stützen. Je näher die Unterrichtspraxis an der validierten Theorie ist, desto wahrscheinlicher ist ihre Wirksamkeit. Je direkter die Praxis mit der Theorie verbunden ist, desto wahrscheinlicher wird die Praxis im Laufe der Jahre verfeinert, aufgewertet und verbessert werden. Es gibt jedoch nur wenige Unterrichtspraktiken, die sich direkt auf eine validierte Theorie stützen. Die enge Beziehung zwischen Theorie, Forschung und Praxis macht kooperatives Lernen dahingehend einzigartig. Sie schafft auch eine Reihe von Lösungen für Lehrer, die kooperatives Lernen anwenden.

Der **erste Punkt** ist das **Verständnis der Art der sozialen Interdependenz.** Soziale Interdependenz entsteht, wenn Ziele so strukturiert werden, dass die Erreichung des Ziels einer Person durch die Handlungen anderer beeinflusst wird. Die Interdependenz kann positiv sein (was dazu führt, dass Einzelpersonen kooperativ zusammenarbeiten, um ihre gegenseitigen Ziele zu erreichen) oder negativ (was dazu führt, dass Einzelpersonen um die Frage konkurrieren, wer das Ziel erreichen wird). Das Fehlen einer gegenseitigen Abhängigkeit weist auf keinen Zusammenhang zwischen den Untersuchungen der Probanden hin, ihre Ziele zu erreichen.

In kooperativen Situationen ersetzen sich die Handlungen der Schüler gegenseitig, die Schüler sind induzierbar und es entsteht ein positiver Effekt gegenüber den Handlungen der anderen. In Konkurrenzsituationen kann es zu gegensätzlichen psychologischen Prozessen kommen. Die grundlegende Prämisse der Theorie der sozialen Interdependenz sagt dabei aus, dass die Art und Weise, wie die Ziele strukturiert sind, darüber bestimmt, wie die Individuen miteinander interagieren und diese Interaktionsmuster letztlich Ergebnisse schaffen. Positive Zielinterdependenz führt tendenziell zu einer förderlichen Interaktion, negative Zielinterdependenz führt tendenziell zu einer gegensätzlichen Interaktion, wohingegen keine Interdependenz tendenziell zu keiner Interaktion führt.

Der **zweite Punkt** ist das **Verständnis der Forschung zur Validierung der Theorie der sozialen Interdependenz.** Es gibt eine große Anzahl an Studien, die darauf hinweisen, dass Kooperation im Vergleich zu kompetitiven und individualistischen Ansätzen tendenziell zu besseren Leistungen, positiveren Beziehungen und größerer psychischer Gesundheit führt. Die Vielfältigkeit dieser Forschungen verleiht den Ergebnissen eine beträchtliche Allgemeingültigkeit.

Der **dritte Punkt** ist das **Verständnis der fünf Schlüsselelemente, die eine Zusammenarbeit ermöglichen.** Es ist nichts Magisches daran, die Schüler in Gruppen zusammenzubringen. Schüler können mit Mitschülern konkurrieren, Schüler können individualistisch arbeiten, während sie die Mitschüler ignorieren, oder Schüler können mit Mitschülern kooperativ arbeiten. Um kooperatives Lernen effektiv zu strukturieren, müssen Lehrer verstehen, wie man positive Interdependenz, individuelle Verantwortlichkeit, fördernde Interaktionen, angemessene Nutzung sozialer Fähigkeiten und Gruppenevaluationen in Lernsituationen strukturiert.

Der **vierte Punkt** ist das **Verständnis der Flexibilität und der vielen Facetten des kooperativen Lernens.** Die fünf Schlüsselelemente können effektiv in formalen kooperativen Lernsituationen (formales kooperatives Lernen kann zur Strukturierung der meisten Lernsituationen eingesetzt werden), in informellen kooperativen Lernsituationen (informelles kooperatives Lernen kann dazu verwendet werden, den didaktischen Unterricht kooperativ zu gestalten) und in kooperativen Basisgruppen (die zur Personalisierung einer Klasse und der Schule eingesetzt werden) ein- bzw. umgesetzt werden. Zusammen bilden sie ein integriertes System für die Unterrichtsorganisation und -gestaltung (sowie für das Classroom-Management). Bei der Nutzung dieser drei Arten des kooperativen Lernens können beliebige Lernsituationen in jedem Fachbereich mit Schülern jeden Alters und mit jedem Lehrplan kooperativ gestaltet werden.

Warum 3. Kooperatives Lernen einsetzen

3.1 Fachspezifische Leistungen

Wie im Kapitel zuvor beschrieben, kann kooperatives Lernen in einem großen Maße Schülern weiterhelfen. Schüler, die in kooperativen Gruppen arbeiten, schneiden bei vergleichbaren Tests deutlich besser ab, insbesondere im Hinblick auf logisches und kritisches Denken, als individualistische Lerner (Johnson & Johnson 1989).

In den beschriebenen umfangreichen Meta-Analysen über nahezu 1.000 Studien hinweg wurde festgestellt, dass Kooperationsvereinbarungen bei einer Vielzahl von Ergebnismaßen kompetitive oder individualistischen Strukturen überlegen sind. Schüler kooperierenden Lernens zeigen im Allgemeinen eine höhere Leistung, eine bessere Argumentationsfähigkeit, eine häufigere Generierung neuer Ideen und Lösungen sowie eine stärkere Übertragung des Gelernten von einer Situation auf eine andere – sogenannte Transferfähigkeiten, die in einem besonderen Maße für die Ausprägung von Kompetenzen sprechen (Barkley et al. 2005).
Slavin (1991) unterstützt diese These, welche eine Bestätigung in Untersuchungen von 67 Studien fand: 61 % der kooperativen Lernklassen erzielen signifikant höhere Testergebnisse als die anderen Klassen. Slavin (1996) argumentiert ferner, dass kooperatives Lernen die größten Auswirkungen auf das Lernen der Schüler hat, wenn Gruppen auf der Grundlage des individuellen Lernens ihrer Gruppenmitglieder anerkannt oder belohnt werden.

Insofern ist davon auszugehen, dass das kooperative Lernen die fachspezifischen Leistungen besonders stärken und vertiefen. Gerade im Hinblick auf überdauernde Leistungen, die nicht nur für einige Wochen nach der Behandlung der Themen, sondern auch Monate, bestenfalls auch Jahre danach abrufbar und anwendbar sind, ist dies ein besonders argumentativ starkes Statement für das kooperative Lernen. Blickt man in die mittelfristige Zukunft, so macht sich das auch bei Abschlussprüfungen

(Haupt-, Realschulabschluss wie auch Abitur) besonders bezahlt. Doch kooperatives Lernen ist kein Ansatz, welcher ausschließlich auf schulische Zwecke zu begrenzen ist. Ganz im Gegenteil – dadurch internalisieren die Erwachsenen von Morgen diesen Ansatz und können auch im Hinblick auf ihren individuellen Werdegang fachspezifisch wie auch zielgerichtet umsetzen.

3.2 Der affektive Bereich: Schüler motivieren

Ein Grund für die Verbesserung der schulischen Leistungen ist, dass kooperativ lernende Schüler aktiver am Lernprozess teilnehmen (Lord 2001). Sie involvieren sich innerhalb ihrer Klassengemeinschaft, setzen sich tiefgründiger mit dem Stoff auseinander und sind persönlicher engagierter.

Im Vergleich zu Schülern, die individualistisch oder kompetitiv lernen, ist das kooperative Lernen im Hinblick auf **motivationale Aspekte** besonders vorteilhaft, wie die nachfolgenden Punkte aufzeigen:

- Schüler zeigen bessere fachliche Leistungen, die wiederum intrinsisch motivierend wirken und sich auf andere Fächer übertragen lassen können (Johnson et al. 1998; Lord 2001, Springer et al. 1999)

- Schüler finden im Unterricht eher Freunde: Sie mögen und vertrauen anderen Schülern mehr als individuell lernende Schüler (Johnson et al. 1998).

- Ethnisch gemischte kooperative Lerngruppen führen mit größerer Wahrscheinlichkeit zu inter-ethnischen Freundschaften als traditionelle Lernansätze[2] (Slavin 1991; Wenzel 2000, Johnson et al. 1983).

- Schüler haben ein höheres Selbstwertgefühl als auch Selbstwirksamkeitsgefühl (Johnson et al. 1998, Slavin 1991).

Selbst wenn die Zufriedenheit der Schüler kein Selbstzweck wäre, ist zu beachten, dass motivierte Schüler seltener den Unterricht versäumen oder gar abbrechen.

---

[2] Gerade in der heutigen Zeit, in der in Deutschland zahlreiche verschiedene Religionen, Ethnien und Menschen anderer individueller Lebenseinstellungen vertreten sind, ist dies ein besonders vorteilhafter Effekt, weil sich dadurch Toleranz und Akzeptanz anderen gegenüber entwickeln lassen.

3.3 Kooperatives Lernen als Lebensaufgabe

Lehrer, die die Schüler routinemäßig in Gruppen arbeiten lassen, sparen nicht nur Material ein, sondern bieten den Schülern auch die Möglichkeit, sich an umfangreicheren Projekten oder einer größeren Anzahl kleinerer Projekte zu beteiligen, als sie es einzeln erreichen könnten. Dadurch wachsen lebensnotwendige Kompetenzen, denn Teamarbeit ist an modernen Arbeitsplätzen unerlässlich. Gerade mit Blick auf die im Rahmen der Globalisierung entstandene tiefe Verflochtenheit über nationale Kontinente hinweg erscheint dieser Punkt besonders wertvoll, weil Schüler des kooperativen Lernens bereits gewohnt sind, scheinbare Grenzen zu andersartigen Menschen bzw. Menschengruppen erst gar nicht mehr als Grenzen wahrzunehmen. Dadurch lassen sie sich eher auf neue Situationen wie auch Menschen ein und sind weniger vorurteilend.

- Die meisten Projekte in der Arbeitswelt benötigen verschiedene Arten von Experten oder erfordern zumindest eine gewisse Arbeitsteilung.
- Alle Stellen gehen somit mit Fähigkeiten zur Kommunikation, Kooperation, Bewertung und Delegierung einher.
- Auch außerhalb der Arbeit ist es im Allgemeinen notwendig, sich mit anderen Menschen zu einigen und mit ihnen zielgerichtet zu kommunizieren.

Besonders erfolgreiche Menschen auf dem Arbeitsmarkt zeichnen sich besonders dahingehend aus, dass sie in der Lage sind, in einer Gruppe von Menschen zusammenzuarbeiten. Hier kennen Sie sicherlich die Gegenüberstellung: Erfolg kommt nicht ausschließlich über die besten Mitarbeiter zustande, die in einer One-Man-Show voranschreiten. Vielmehr zeigt sich der Erfolg eines großen Unternehmens, kleiner bzw. mittelständischer Betriebe als auch einzelner Projekte darin, dass ein starkes Team dahintersteht, das gelernt hat, die individuellen Stärken jedes einzelnen Mitglieds zu nutzen und zu einer wirksamen Gruppe zusammenzuflechten. Genau diese Aspekte werden besonders im kooperativen Unterricht gezielt gefördert wie auch gefordert.
Somit lässt sich eine Lebenskompetenz mit dem kooperativen Lernen in Gang setzen, die stetig und sukzessiv vertieft, verbessert und den Umständen adäquat angewendet wird. Kooperatives Lernen wird somit zu einer Lebensaufgabe im globalen Dorf, in das unser Kinder hineingeboren werden.

4. KOOPERATIVES LERNEN IM UNTERRICHT

Planung vor dem Unterricht

Kooperatives Lernen ist ein Ansatz, der Ergebnisse im Verhältnis zu seiner regelmäßigen und disziplinierten Anwendung erzielt. Wenn Sie kooperatives Lernen nutzen möchten, ist es ratsam, so früh wie möglich zu beginnen, um Ihren Schülern Zeit zu geben, die interpersonellen Fähigkeiten zu entwickeln, die für eine effektive kooperative Lerngruppe erforderlich sind. Aus dem gleichen Grund werden Sie kooperatives Lernen wahrscheinlich für mehrere Projekte einsetzen wollen, anstatt es nur einmal zu verwenden. Die Anwendung des kooperativen Lernens in Ihrem Klassenzimmer erfordert eine gewisse Vorplanung in den Bereichen Zielsetzung, Schaffung positiver Interdependenz, Wahl der Gruppengröße und Gruppenzusammensetzung, Ermittlung von Strategien zur Entscheidungsfindung in der Gruppe und Auswahl von Techniken zur Informationssammlung.

4.1 ZIELE DER FACHSPEZIFISCHEN UND SOZIALEN FÄHIGKEITEN

Pädagogen sind es gewohnt, für jede Unterrichtsstunde fachspezifische Ziele für ihre Schüler zu entwickeln. Beim kooperativen Lernen kommen soziale Fähigkeiten oder Fähigkeiten zur Gruppenevaluation hinzu. Sie müssen diese Ziele also explizit neben den inhaltlichen Zielen, die Sie sich für Ihre geplante Aktivität angesetzt haben, formulieren.

Kooperative Lerntechniken lassen sich lose nach den **Fähigkeiten** kategorisieren, die sie jeweils verbessern, einschließlich (Barkley, Cross und Major 2005):

- **das Erlernen der „Sprache der Disziplin“,**
- **Erklären, Feedback geben, alternative Perspektiven verstehen,**

- **Entdecken von Mustern und Beziehungen,**
- **Organisieren und Synthetisieren von Informationen sowie**
- **Entwicklung von Strategien für die Analyse und Evaluation.**

Jede Kategorie umfasst eine Reihe von potenziellen Strukturen, die die Entwicklung einer kooperativen Lernübung anleiten können. Die Entwicklung von Strategien und analytischen Fähigkeiten im Zusammenhang mit der Problemlösung umfasst beispielsweise Übungen wie das Formulieren eines Problems, mehrmaliges Präsentieren, strukturiertes Problemlösen und analytische Gruppen.

4.2 Positive Interdependenz schaffen

Eine positive Interdependenz kann in das Projekt eingebaut werden, indem man ein Umfeld schafft, in dem es sich Folgendes vorfinden lässt:

- **der geforderte Arbeitsaufwand ist hoch für eine einzelne Person,**
- **es handelt sich um Aufgaben, die mehr als eine Person erfordern (z. B. Partnerinterview).**

Sie können die Schüler bei der Aufteilung der Arbeit beraten oder ihnen die Entscheidung überlassen. Die Identifizierung von Teilaufgaben und Strategien zu deren Bewältigung kann ein wichtiger Teil des Lernprozesses für die Schüler sein.

Die Möglichkeiten, die positive Interdependenz zu fördern, wurden bereits im Kapitel 2.2 unter „Implementierung der Schlüsselelemente des kooperativen Lernens" Smith und Waller (1997) erläutert. Die Einrichtung des Klassenzimmers kann auch die von Ihnen gewünschte positive gegenseitige Abhängigkeit fördern. Dabei können Sie die Schüler auch aktiv in den Gestaltungsprozess mit einbeziehen und sogar entscheiden lassen, wie ihrer Meinung nach die optimale Räumlichkeit für das bevorstehende Projekt bzw. Aufgabe aussehen sollte. Optional können sich die Schüler Slogan oder einzelne Projektnahmen selbst ausdenken, welche als Aushängeschild oder Symbol fungieren. Diese dadurch erzeugte Nähe verstärkt das kollektive Gefühl unter den Schülern und entwickelt ein Gefühl der Zugehörigkeit. Gerade im Hinblick auf Schüler, die eher passiv, schüchtern oder gar ausgegrenzt werden, ist dies eine hervorragende Maßnahme zur Bewältigung solcher sozialen Vorkommnisse.

4.3 Größe der Gruppen

Wie teile ich das Projekt unter den Schülern auf? Wie viele Schüler werden für die Arbeit benötigt? Im Idealfall ist das die Anzahl der Schüler, die Sie aufteilen möchten. Für kurze oder einfache Aufgaben ist oft eine Bildung von Paaren ausreichend. Gruppen für ein großes Projekt oder kooperative Basisgruppen für einen längeren Zeitraum werden in der Regel größer sein.

Kleinere Gruppen sind effektiver und leichter zu bearbeiten als große, da sich die Schüler weniger vor ihrem Anteil an der Arbeit drücken können. Das sogenannte Phänomen des Trittbrettfahrens wird dadurch behoben, weil eine Verantwortungsdiffusion im Vorfeld vorgebeugt wird. Untersuchungen haben ergeben, dass Gruppen von drei oder fünf Personen ideal für Basisgruppen und formelle Kooperationsgruppen sind. Informelle Gruppen sind am besten mit zwei bis vier Schüler geeignet.

4.4 Zusammensetzung der Gruppen

Bei kürzeren Übungen sollte es für die Schüler kein Problem sein, mit ihren Freunden zu arbeiten, doch beim formalen kooperativen Lernen gibt es einige Punkte zu beachten, wenn man die Schüler in selbst gewählte Gruppen zusammenkommen lässt:

- Heterogene Gruppen neigen dazu, besser zusammen zu lernen, weil schwächere Schüler die stärkeren bei Schwierigkeiten zu Rate ziehen können, ohne ihre Schwächen ad hoc dem Lehrer zu offenbaren. Auf der anderen Seite erhalten leistungsstärkere Schüler ein Gefühl der Verantwortungsübernahme, weil die Bewältigung der Aufgabe insbesondere von ihren Fähigkeiten abhängt, den fachlichen Herausforderungen zu genügen. Darüber hinaus müssen sie Aufgaben so delegieren, dass sie zielgerichtet von allen Mitgliedern umgesetzt werden können (Wenzel 2000).

- Enge Freunde können andere Schüler bei einigen Aktivitäten nicht vollständig einbeziehen.

Zufallsgruppen, insbesondere für einmalige Projekte, sind leicht zusammenzustellen. Sie können beispielsweise folgendermaßen gebildet werden:

- außerhalb der Klasse unter Verwendung eines Aufgabenplans,

- Schüler abzählen lassen,

- Schüler ziehen Spielkarten, Zahlen oder andere Mittel, die eine bestimmte Zugehörigkeit bzw. Rollen kennzeichnen,

- Schüler nach ihrer Meinung fragen (basierend auf einer Wertelinie, die ein Kontinuum von Perspektiven zu einem Thema darstellt, bilden sich mehrere Gruppen).

Die Auswahl durch den Lehrer, um die Heterogenität der Gruppen zu erhöhen, ist ein aufwändigerer Prozess, der im Voraus dementsprechend geplant und durchdacht werden muss.

- Sie benötigen eine kommentierte Schülerliste, die Auskunft darüber gibt, welche Kompetenzen, Stärken wie auch Schwächen der jeweilige Schüler aufweist. Auch wenn Sie dadurch im Vorfeld viel Zeit investieren müssen, um jeden Schüler genauestens zu analysieren, so zeigt es sich als äußerst gewinnbringend, diese Maßnahme zu ergreifen. Das zeigt sich darin, dass Gruppen oftmals sehr zielgerichtet arbeiten können, ohne dabei externe Hilfe in Anspruch nehmen zu wollen, weil sie alle Fähigkeiten zur Bewältigung der Aufgabe bereits in ihren Gruppen vorfinden können.

- Die Schüler können nach Erfahrung aufgeteilt werden: Alter, Leistungskurse, Geschlecht, Sprache, Farbe des Oberteils, Hobbys, und weitere.

In der Regel wird es ein Hauptziel sein, möglichst heterogene Gruppen zu schaffen. Doch auch homogene Gruppen finden hierbei ihre Berechtigung. Hier muss dann jedoch das Material differenziert werden, um stärkeren Gruppen komplexeres Material und schwächeren Gruppen weniger komplexes Material zur Verfügung zu stellen. Gleichwohl ist darauf zu achten, dass vor allem auch die schwächeren Schüler keiner Verurteilung unterworfen werden (im Sinne von: „Die“ sind die schwächeren Gruppen). Das kann dadurch erreicht werden, indem die Ergebnisse der schwächeren Schüler essenziell sind für die übergeordnete Aufgabenbewältigung. Mit anderen Worten: Ohne die Erkenntnisse der schwächeren Gruppen ist es unmöglich, die Hauptaufgabe zu lösen, weshalb auch hierdurch eine positive Interdependenz geschaffen wird.

4.5 Entscheidungsfindung in der Gruppe

Während einige Fragen der Gruppenarbeit bei der Zuweisung bestimmter Rollen an die Mitglieder berücksichtigt werden, bleibt die Frage der Entscheidungsfindung in der Gruppe bestehen. Sobald Gruppen gebildet werden, kann es notwendig sein, den Mitgliedern Techniken zur Gruppenevaluation zur Verfügung zu stellen, insbesondere bei komplexeren, formalen Übungen. Barkeley, Cross und Major (2005) bieten eine Reihe von gemeinsamen Ansätzen für die **Entscheidungsfindung in Gruppen**:

- **Autorität:** Auf offene Diskussionen folgt eine einzige Führungskraft (hier: hauptverantwortlicher Schüler), die die endgültigen Entscheidungen trifft.

- **Mehrheit:** Die Mitglieder stimmen über das Thema ab, für das es mehrere Perspektiven gibt. Die Mehrheit entscheidet dementsprechend über das weitere Vorgehen.

- **Negative Minderheit:** Gruppen eliminieren nacheinander die unbeliebtesten Optionen, sodass letztlich eine Alternative herauskristallisiert und die favorisierte darstellt, mit der weitergearbeitet wird.

- **Konsens:** Diskussionen und Verhandlungen finden statt, bis alle Gruppenmitglieder zustimmen.

- **Verwendung von Kriterien:** Die Gruppen identifizieren zunächst Kriterien für die Entwicklung einer Lösung und bewerten dann die Optionen im Hinblick auf diese. Das schafft insbesondere bei komplexeren Themen eine Zielorientierung und ist freier von willkürlichen Entscheidungen.

- **Kompromiss:** Gruppen kombinieren Lösungen oder einzelne Aspekte von Lösungen, anstatt eine über die andere zu wählen.

4.6 Informationssammlung

Das Ende jeder Übung des kooperativen Lernens bietet die Gelegenheit, sich mit der größeren Gruppe auszutauschen. Die Methode, nach der diese Informationssammlung sowie -darstellung erfolgt, variiert je nach Zielsetzung, Zeitrahmen und Anzahl der Gruppen. Zu den üblichen Methoden der Berichterstattung gehören (mehr dazu im Methodenteil):

Aufstehen und teilen

Ein Vertreter jeder Gruppe wird gebeten, die Ergebnisse zu präsentieren. Dies kann in mehreren Runden kooperativer Lernübungen umgesetzt werden, ebenso wie die Frage, was präsentiert wird und wer in jeder Runde präsentieren soll.

One Stay - Three Stray (= einer bleibt, drei gehen)

Drei Gruppenmitglieder wechseln zu einer anderen Gruppe, um die Ergebnisse der Gruppe zu teilen wie auch jene der anderen Gruppe zu empfangen. Währenddessen bleibt das andere Mitglied an seinem Gruppentisch, damit die Mitglieder einer anderen Gruppe dazustoßen können. Nach einigen Runden des Austauschs haben alle Gruppen miteinander interagiert (siehe Methodenteil dieses Buches unter „World Café“ bzw. „One Stay – Three Stray“).

Poster Session

Die Schüler entwickeln eine visuelle Darstellung der Gruppenergebnisse. Ein Vertreter der Gruppe bleibt bei der Visualisierungsform, während andere sich mit Fragen beschäftigen. Durch den Wechsel der Person, die für die Darstellung der Gruppe auf ihrem Poster verantwortlich ist, wird ein größeres Engagement ermöglicht. Poster können als Teil der Gruppenarbeit innerhalb der Klasse entwickelt werden oder außerhalb der Klasse Anwendung finden, wobei die gemeinsame Nutzung der Poster in der folgenden Unterrichtsstunde beginnt.

Rundgang

Hier werden die Schüler aus ihrer Komfortzone herausgelockt, denn sie müssen aufstehen und sich aktiv in die Synthese wichtiger Konzepte, in die Konsensbildung, in das Schreiben und in das öffentliche Reden einbeziehen. Beim sogenannten Gallery Walk rotieren die Gruppen im Klassenzimmer, verfassen Antworten auf Fragen und reflektieren die Antworten der anderen Gruppen. Die Fragen werden auf vorgefertigte Karteikarten oder Zettel der Schüler, die sich an verschiedenen Stellen des Klassenraums befinden, notiert. Jede Karte oder jede

Station hat eine eigene Frage, die sich auf ein wichtiges Klassenkonzept bezieht. Die Technik schließt mit einer mündlichen Präsentation oder einem „Report out", in dem jede Gruppe Kommentare zu einer bestimmten Frage zusammenfasst.

4.7 Schülerrollen

Die Zuweisung von Rollen an die Schüler ist eine Möglichkeit, positive Interdependenz, Interaktion und Gruppenevaluation zu fördern, die zu den fünf Schlüsselelementen der Arbeit in Gruppen gehören. In der Regel sind die Rollen Zuständigkeiten, die über das eigentliche Projekt hinausgehen. Wählen Sie Rollen, die den Schülern helfen, Kommunikationsschwierigkeiten zu überwinden, um das Projekt zu Ende zu führen und situationsadäquat zu gestalten. Zu den üblichen **Problemen von Schülern**, die mit **Gruppenprojekten** konfrontiert sind, gehören:

- **Wer beginnt die Diskussion? Wer soll die Diskussion weiterführen?**
- **Wie erfüllen wir die Anforderungen für die anstehende Aufgabe?**
- **Wer ist dafür zuständig, den Überblick zu behalten, was jeder beigetragen hat und was wir tun sollen?**

Oftmals ist es äußerst vorteilhaft, formale Rollen auszuwählen und sie den Schülern zu geben; in anderen Fällen ist es am besten, den Schülern eine Liste von Rollenvorschlägen zu geben und sie die interne Dynamik ihrer Gruppe selbst sortieren zu lassen. Ein Aspekt, den Sie berücksichtigen sollten, ist sicherzustellen, dass die Rollen unter den Gruppenmitgliedern rotieren. Sie können die Rollen nach dem Zufallsprinzip den Gruppenmitgliedern zuweisen oder eine Reihenfolge festlegen, in der die Schüler ihre Rolle für die Aktivität auswählen können. Diese Art der Randomisierung wird dazu beitragen, starre Gruppenstrukturen und Erwartungseffekte zu vermeiden. Sie ermöglicht es auch verschiedenen Personen, unterschiedliche Kompetenzen zu entwickeln und anzuwenden. Durch Zufallsverfahren werden auch potenzielle Vorurteile im Zusammenhang mit Rollen bekämpft – so wollen die Lehrer beispielsweise vermeiden, dass Jungen als Leiter, Frauen als Schreibkräfte (weil sie die schönste Schrift haben) fungieren. Schließlich schaffen Zufallsverfahren auch ein angemessenes Mittel für die Schüler, um persönliche Informationen auszutauschen und engere Beziehungen zu entwickeln.

Die geeigneten Rollen hängen von der Gruppengröße und der Art der kooperativen Lernaufgabe ab. Die im Folgenden beschriebenen Rollen sollen eine repräsentative Funktion übernehmen. Grundsätzlich ist jedoch Ihrer Fantasie und jener Ihrer Schüler keinerlei Grenzen gesetzt, solange sie sinnstiftend, situationsadäquat und zielgerichtet sind.

4.8 Mögliche Schülerrollen

Leiter / Hauptverantwortlicher

Dieser Schüler ist verantwortlich für die Organisation der Endergebnisse des Projekts, sei es eine Ausarbeitung, eine Präsentation oder andere Formen. Dabei geht es nicht um die explizite Umsetzung der Details, sondern darum, dass das Projekt den vom Lehrer festgelegten Standards entspricht (oft als Kriterien geäußert), plus eventuelle von der Gruppe festgelegte Zusatzanforderungen. Zu diesen Standards gehören in der Regel Pünktlichkeit, Mitarbeit und Vollständigkeit der Aufgabe.

Verwalter / Sekretär

Diese Person macht sich bei jedem Treffen der Gruppe Notizen und verfolgt die Gruppeninformationen, Quellen und weitere. Sie verteilt diese Notizen an den Rest der Gruppe und hebt dabei Abschnitte hervor, die für ihre Teile des Projekts relevant sind.

Fact Checker

Diese Person muss Daten, bibliographische Quellen oder Grafiken auf ihre Genauigkeit und Richtigkeit überprüfen. Es geht daher um eine Art Faktencheck, damit – in zeitgemäßen Worten ausgedrückt – keine Fake News verbreitet werden.

Sprecher

Diese Person ist für die technischen Details der Endprodukte verantwortlich und ist bereit, die Fortschritte und Ergebnisse der Gruppe für den Lehrer und andere Gruppen zusammenzufassen.

Zeitwächter

Diese Person ist dafür verantwortlich, dass alle Aufgaben innerhalb der gestatteten Zeit absolviert werden. Das betrifft zum einen den Gesamtrahmen, zum anderen hat diese Person die Aufgabe, die

Gesamtzeit auf alle einzelnen Teilaufgaben aufzuteilen und dementsprechend dafür Sorge zu tragen, dass der von ihm aufgestellte Zeitplan eingehalten wird.

Language Guard / Sprachenwächter

Diese Rolle ist vor allem in den Fremdsprachen wie Englisch, Spanisch oder andere relevant. Diese Person ist dafür verantwortlich, dass alle Schüler überwiegend (bestenfalls durchgehend) ausschließlich in der Zielsprache miteinander kommunizieren.

4.9 Mögliche Diskussionsrollen

Moderator / Motivator

Dieser Schüler setzt die Diskussion in Gang und erhält sie aufrecht, oft indem er den anderen Gruppenmitgliedern Fragen stellt, manchmal auch Verständnisfragen darüber, was sie soeben geäußert haben.

Zusammenfassende Darstellung

Von Zeit zu Zeit (einmal pro Frage [sofern zahlreiche Fragen aufgelistet sind] oder am Ende einer Frage) stellt dieser Schüler eine Zusammenfassung der Diskussion bereit, die von anderen Schülern angenommen oder verändert werden kann.

Reflektor

Dieser Schüler hört aufmerksam zu, was andere sagen, und gibt es mit seinen eigenen Worten wieder, wobei er den ursprünglichen Sprecher fragt, ob die Paraphrasierung korrekt ist.

Transformer

Diese Person sucht Verbindungen zwischen der aktuellen Diskussion und vergangenen Themen oder allgemeinen Unterrichtsthemen, um die Transferfähigkeit der Gruppe zu ermöglichen.

Das sollten Sie wissen, bevor Sie mit 5. kooperativem Lernen beginnen

Der Schlüssel zu kooperativem Lernen liegt darin, die Schüler stets am Ball zu halten. Als Lehrer gestalten Sie hier die kooperative Lernerfahrung. Sie lehren nicht daher direkt, wenn kooperatives Lernen stattfindet. Stattdessen stellen Sie sicher, dass Gruppen von Schülern fokussiert bei der Arbeit bleiben. Sie wissen aus erster Hand, wie einfach es für Schüler ist, vom Thema abzuschweifen und Privates auszutauschen, anstatt in dem gegebenen sozialen Umfeld zielgerichtet zusammenzuarbeiten. In diesem Sinne ist es entscheidend, dass Sie Ihre Ohren bei jeder einzelnen Gruppe haben – und das fortwährend.

Kann man überall gleichzeitig sein? Selbstredend nein. Sie können jedoch im Rahmen eines größeren angelegten Projekts die Hilfe eines anderen Lehrers in Anspruch nehmen, auf die verräterischen Anzeichen für ein nicht zum Thema passendes Verhalten (Lachen, laute Geräusche usw.) achten oder die Schüler in entsprechende Gruppen aufteilen, um präventiv gegen Abschweifungen wirksam zu sein. Sie können auch eine Liste spezifischer kooperativer Lernstrategien erstellen, die Sie mit Ihren Schülern verwenden möchten. Auf diese Weise haben Sie immer eine andere Strategie im Hinterkopf, wenn Ihre Schüler eine Aktivität abschließen und zur nächsten übergehen!

Wenn Sie diese Strategien parat haben, können Sie einen strukturierten Ansatz für kooperatives Lernen in Ihrem Klassenzimmer schaffen, der es den Schülern außerordentlich schwer macht, den Fokus auf die Aufgabe zu verlieren.

5.1 Wie strukturieren Sie kooperatives Lernen für den Unterricht?

Wie bei jeder Lernstrategie liegt es ganz an Ihnen, wie Sie kooperatives Lernen in Ihrem Klassenzimmer einsetzen wollen. Es ist jedoch wichtig zu beachten, dass die meisten Lehrer eine Unterrichtsstunde nicht mit kooperativem Lernen beginnen. Der Grund: Die Schüler haben sich noch nicht auf das Thema der Klasse konzentriert, also werden sie sich nicht konzentrieren, wenn sie in Gruppen aufgeteilt werden. Schließlich ist die Aufrechterhaltung des Fokus eines der Haupthindernisse für effektives kooperatives Lernen. Wenn Ihre Schüler nur von einem Gespräch mit ihren Freunden auf dem Pausenhof zu einem Gespräch mit ihren Freunden im Klassenzimmer kommen, werden sie nicht die nötige Konzentration haben, um etwas zu lernen. Deshalb beginnen viele der Lehrer die Unterrichtsstunden mit Stundenklingelarbeit. Dabei handelt es sich um eine Aufgabe, die auch an Schulen ohne Stundenklingel funktioniert: Es sind all jene Aufgaben, die in nahezu jeder Unterrichtsstunde durchgeführt werden und meist etwa 5 Minuten Zeitaufwand mit sich bringen. Diese Zeit erlaubt es dem Lehrer, alle organisatorischen Aspekte abzuarbeiten, bevor der Unterricht beginnen kann, darunter das Überprüfen der Anwesenheitsliste, das Verwalten von Krankheitsmeldungen sowie die Bündelung der Aufmerksamkeit. Die Stundenklingelarbeit können Sie als eine Art Prävention betrachten, um Unterrichtsstörungen von vornherein zu vermeiden. Dadurch werden die Schüler dahingehend konditioniert, dass, wenn sie in den Klassenraum hineinkommen, es Zeit ist zu arbeiten und sich zu konzentrieren. Neben klassenorganisatorischer Aspekte können Sie beispielsweise das Thema der letzten Woche aufgreifen, das heutige Thema ankündigen sowie den Ablaufplan vorstellen.

Nach der Stundenklingelarbeit können Sie in jedmögliche Richtung verfahren, je nachdem, was Sie an diesem Tag unterrichten wollen. In den ersten Tagen des Schuljahres kann es sinnvoll sein, in eine Phase überzugehen, in der den Schüler ein Thema vorgestellt wird. Im Anschluss können Sie zu einer kooperativen Lernaktivität springen. Die Schüler haben die konzeptionellen Details dessen, was sie lernen, gehört und können diese nun auf eine Gruppenaktivität anwenden. Diese Aktivität könnte eine Diskussion, ein Projekt, eine Übung oder auch viele andere Möglichkeiten sein. Solange Ihre Schüler gemeinsam auf ein Ziel hinarbeiten, sind Sie auf dem richtigen Weg. Lassen Sie zum Abschluss Schülergruppen ihre Endergebnisse einander präsentieren. Dies ist eine großartige Möglichkeit, eine klassenweite Diskussion anzuregen und anderen Gruppen die Möglichkeit zu geben, Ideen zu hören, die sie vielleicht noch nicht in Erwägung gezogen haben.

Es ist auch eine ausgezeichnete Möglichkeit, eine fachbezogene Debatte zu beginnen, falls die Gruppen sich nicht einig sind. Das mag wie ein negatives Ergebnis des kooperativen Lernens klingen, doch Meinungsverschiedenheiten im Klassenzimmer sind in Wirklichkeit wunderbare Lernmöglichkeiten für Sie und Ihre Schüler. Die Schüler bekommen beide Seiten einer Meinung zu hören, was immer von Vorteil ist – gerade im Hinblick auf gesellschaftliche Debatten. Das Verstehen eines gegensätzlichen Standpunktes hilft den Schüler, in einer Diskussion sachlich sowie faktisch zu bleiben und verhindert, dass sie Menschen, die anders denken als sie, stigmatisieren oder verurteilen. Sie als Lehrer bekommen auch einen Einblick darin, wie Ihre Schüler denken. So bleiben Sie mit der Generation Ihrer Schüler in Kontakt, wodurch Sie auch Trendverschiebungen, Wertveränderungen und sogar die Reife der Denkprozesse Ihrer Schüler feststellen können.

Denken Sie stets daran, dass Sie die Kontrolle über Ihr Klassenzimmer haben. Die Debatte, wenn sie stattfindet, endet, wenn Sie es sagen. Die Auslebung des kooperativen Lernens obliegt Ihrer Klasse, doch Sie sind die Person, die die Spielregeln wie auch den konzeptionellen Rahmen festlegt.

Wenn Sie den Unterricht beendet haben, geben Sie sich genügend Zeit, den Unterricht noch einmal zu wiederholen. Das wird den Schülern helfen, alles Gelernte und Erreichte im Kontext zu behalten. In der nächsten Unterrichtsstunde können Sie hier wieder anknüpfen und entsprechend der neu gesetzten Ziele fortfahren.

5.2 Die Aktivität einführen

- Beschreiben Sie die fachbezogene Aufgabe der Aktivität. Dazu gehört die Beschreibung der Ziele der Aufgabe, die Auflistung der notwendigen Konzepte und Prinzipien, die sie zum Verständnis benötigen, und die Beschreibung der Verfahren, die sie befolgen müssen.

- Erklären Sie im Sinne der Transparenz die Kriterien, anhand derer Sie beurteilen können, ob die Schüler bei der Aufgabe erfolgreich sind. Eine Möglichkeit dazu wäre, eine Übersicht für die Aktivität zu entwickeln und zu verteilen.

- Strukturieren Sie die kooperativen Aspekte der Aktivität.

- Positive Interdependenz – Stellen Sie sicher, dass die Schüler verstehen, dass sie nicht nur für ihr eigenes Lernen verantwortlich sind, sondern auch für das Lernen jedes anderen Mitglieds. Beschreiben Sie, wie dies in die Aufgabe integriert wird.

- Individuelle Verantwortlichkeit – Stellen Sie sicher, dass sich jeder Einzelne für das Lernen des Materials verantwortlich fühlt. Erwägen Sie häufige, zufällige mündliche Fragen (auch als Quizfragen möglich) oder die Zuweisung eines Gruppenmitglieds, das sich bei allen vergewissert, dass sie das Material verstehen.

- Gruppenevaluation: Beschreiben Sie verschiedene Methoden, mit denen eine Entscheidung getroffen werden kann (Autorität, Mehrheit, negative Minderheit, Konsens, Verwendung von Kriterien, Kompromiss).

- Beschreiben Sie die Verhaltensweisen, die Sie erwarten, explizit. Nehmen Sie sich, falls notwendig, Zeit, um die kooperativen Fähigkeiten zu beschreiben, die Sie erwarten, sodass sie in der Lage sind, diese einzusetzen.

- Legen Sie Zeitlimits für die jeweiligen Aktivitäten fest. Dies gibt einen Anhaltspunkt für das zu erwartende Arbeitstempo. Halten Sie für Gruppen, die frühzeitig fertig werden, eine Möglichkeit der Differenzierung bereit, um sie fortwährend an der Aktivität zu beteiligen. Das kann beispielsweise eine Zusatzaufgabe für eine weitere Vertiefung sein. Alternativ ist auch die Kooperation auf einer höheren Ebene möglich, indem sich die einzelnen Gruppenmitglieder anderen Gruppen anschließen und ihre Unterstützung anbieten.

- Erlauben Sie den Schülern, klärende Fragen zu stellen. Um zu vermeiden, dass mehrere Gruppen gleichzeitig Fragen haben, die Ihre Aufmerksamkeit erfordern, geben Sie den Schülern einige Minuten Zeit, um die anstehende Aufgabe untereinander zu bearbeiten und erst dann verbleibende Unsicherheiten mit Ihnen bzw. dem Rest der Klasse zu klären.

5.3 Stärkung der kooperativen Fähigkeiten

Die Vermittlung kooperativer Fähigkeiten erfordert es, den Schülern die Motive und Mittel dafür näher zu bringen. Bevor Sie beginnen, sollten Sie sich **im Vorfeld überlegen, welches Ziel** Sie mit dem kooperativen Ansatz verfolgen möchten (Johnson, Johnson & Holubec 1998).

- Präsentieren Sie den Schülern einen Fall, bei dem es besser ist, die gewählten Fähigkeiten zu kennen, als sie nicht zu kennen. Dieser Kontrast wird einen „Aha-Effekt" auslösen, der verstärkt dazu beitragen kann, dass der gewählte Ansatz internalisiert und nachvollzogen wird.
- Eine Möglichkeit, dies zu tun, ist das Rollenspiel eines Gegenbeispiels, bei dem eine Fähigkeit in der Gruppe offensichtlich fehlt. Dies ist eine unterhaltsame Art und Weise, die Notwendigkeit der Fertigkeit zu veranschaulichen. Im Sportunterricht spricht man beispielsweise von Gegensatzerfahrungen: Mit der bewussten Anwendung eines falschen (im Sinne von nicht zielgerichteten) Ansatzes wird den Schülern bewusst, welcher Ansatz eher verfolgt werden muss, um ein festgelegtes Ziel zu erreichen.

Der **zweite Schritt** besteht darin, sicherzustellen, dass die **Schüler verstehen, was die Fertigkeit ist, wie sie sich auf sie einlassen und wann sie sie einsetzen sollen.**

- Es reicht nicht aus, den Schülern zu sagen, welche Fertigkeiten sie während der Stunde anwenden sollen (z. B. „Bitte überprüft, inwiefern der andere das behandelte Thema verstanden hat.").
- Lehrer müssen stattdessen genauestens erklären, worin die Aufgabenstellung beseht. Dies gleicht der Prämisse, die Lehrer ohnehin befolgen müssen / sollten, wenn es um Unterrichtsgestaltung geht. Daher soll an dieser Stelle nicht näher darauf eingegangen werden.

Der **dritte Schritt** gestaltet sich dahingehend, Übungssituationen einzurichten und die Beherrschung der Fertigkeit zu fördern.

- Beobachten Sie jede Gruppe und halten Sie fest, welche Mitglieder mit welcher Häufigkeit und Wirksamkeit an der Fertigkeit teilnehmen.

- Eine Möglichkeit, dies zu tun, besteht darin, die Klasse darüber zu informieren, dass Sie sich auf einen Schüler konzentrieren werden

- einen „geheimen Schüler" – dessen Name nicht verraten wird. Beobachten Sie während der Stunde, ohne zu zeigen, wen Sie beobachten. Beschreiben Sie der ganzen Klasse, was die Person in welcher Qualität getan hat (Häufigkeitsdaten). Dadurch weiß niemand, wen Sie tatsächlich beobachten und strengen sich tendenziell vermehrt an, weil es so gesehen „jeden treffen könnte" (eine großartige Maßnahme; probieren Sie es gerne – auch außerhalb kooperativen Unterrichts – einmal aus!).

Im **vierten Schritt** richten Sie sich darauf aus, dass jeder Schüler (a) ein Feedback zu seiner Verwendung der Fertigkeit erhält und (b) individuell reflektiert, wie er sich beim nächsten Mal besser auf die Fertigkeit einlassen kann.

- Es reicht nicht aus, neue Fähigkeiten zu üben. Die Schüler müssen auch ein Feedback darüber erhalten, wie häufig und wie gut sie die Fertigkeit anwenden.

- Eine Möglichkeit, dies zu tun, ist die Zuweisung der Rolle des „Beobachters" innerhalb jeder Gruppe. Diese Person sammelt Beobachtungsdaten über die gegebene Fähigkeit für jedes Mitglied der Gruppe. Danach meldet der Beobachter die gesammelten Informationen an die Gruppe. Die Verarbeitung in der Kleingruppe konzentriert sich dann darauf, wie die Fertigkeit in Zukunft effektiver genutzt werden kann und wie Verbesserungsziele festgelegt werden können.

5.4 Vorbereitung und Festhalten von Beobachtungen

Wenn der Wunsch besteht, das Ausmaß, in dem Gruppen während des kooperativen Lernens bestimmte Verhaltensweisen zeigen, zu identifizieren und aufzuzeichnen, helfen eine **Reihe von Schlüsselschritten**, den Prozess zu erleichtern:

Entscheiden Sie, welche Verhaltensweisen, Einstellungen und / oder Fähigkeiten beobachtet werden sollen

Zu den großen Kategorien dieser Attribute gehören fachbezogenes Lernen wie auch Leistung, logisches Denken, soziale Fähigkeiten, Haltungen und Arbeitsgewohnheiten.

Entscheiden Sie, wer die Beobachtung durchführen wird

Der Lehrer (Sie) oder ein ausgewählter Schüler (oder andere Personen, wenn Sie / Ihre Schule über derartige personale Ressourcen verfügt). Sie können erfahrenere Schüler durch den Raum gleiten lassen, um die Argumentation hinter den Ergebnissen der Gruppe zu überprüfen. Sie können auch alle Besucher Ihrer Klasse zur Teilnahme an der Beobachtung einladen.

Die Beobachter in der richtigen Vorgehensweise ausbilden

Dazu gehört die Erklärung der Rolle, die Schüler einnehmen werden, und des Verfahrens, das sie befolgen sollten. Darüber hinaus bedarf auch die Methode (und auch die Checkliste, falls sie zum Einsatz kommt) einer Erläuterung, damit den Schülern das Vorgehen transparent nähergebracht wird. Es ist des Weiteren wichtig, mit Ihren Beobachtern nach einer Phase des Beobachtens Eindrücke zu verarbeiten, um zu sehen, was sie durch die Beobachtung gelernt haben.

Planen Sie Ihre Beobachtungsmethode

Werden Sie während der gesamten Unterrichtszeit nur eine Gruppe beobachten oder werden Sie umherziehen und jede Gruppe für kurze Zeit beobachten? Dies hat offensichtliche Auswirkungen auf die Informationen, die Sie aus der Beobachtung erhalten, sowie auf Ihre Fähigkeit, bei Bedarf mit verschiedenen Gruppen zu intervenieren.

Entwickeln Sie das Beobachtungsverfahren

Beispiele hierfür sind Arbeitsblätter oder Checklisten für die (z. B. tabellarische) Erfassung von Beobachtungen oder detaillierte Notizen, um die Kriterien, die Sie zu überwachen versuchen, im Auge zu behalten. Nachfolgend stelle ich Ihnen einen Beobachtungsbogen vor, welcher in meinem Unterricht regelmäßig Anwendung findet (Johnson, Johnson & Holubec 1998).

BEOBACHTUNGSBOGEN

Beginnen Sie damit, eine Fähigkeit zu vermitteln und zu beobachten. Zeigen Sie den Schülern, wie gut sie diese Fähigkeit praktizieren; loben Sie sie und belohnen Sie für ihre Bemühungen. Wenn sie eine Fähigkeit beherrschen, fügen Sie eine zweite hinzu und lehren Sie sie, usw.

Datum Zeitraum Beobachter

	Gruppenmitglieder			
Fähigkeit				
1.				
2.				
3.				

Andere relevante Notizen:

5.5 Die Praxis des Beobachtens

Dieser Schritt mag selbsterklärend erscheinen, doch ist es nicht so trivial wie manche vermuten, quantitative Informationen aus der Beobachtung Ihrer Gruppen zu generieren. Sie suchen nach bestimmten Aktionen oder verbalen Hinweisen, die mit Ihrem Zielverhalten zusammenhängen. Wenn sich ein Schüler an dieser Handlung beteiligt, markiert der Beobachter die Beobachtungsform der Gruppe mit einer Strichmarke. Deshalb ist es sinnvoll, sich als Lehrer nicht zu überstürzen, wenn die kooperativen Methoden noch ein Novum sind, und zunächst nur einige Verhaltensweisen zu beobachten. Sie sollten aber auch Notizen über spezifische positive Beiträge von Gruppenmitgliedern festhalten, um die Strichlistendaten zu ergänzen und um sie beim Loben von Schüleraktionen während der Bearbeitung zu verwenden.

5.6 Interventionen

Wenn Sie Ihre Schüler bei der Arbeit in Gruppen beobachten, werden Sie wahrscheinlich Verhaltensmuster erkennen, die ihren Fortschritt behindern, weshalb Sie legitimerweise eingreifen wollen. Dazu können falsche Vorstellungen von der Aufgabe und den Konzepten, die mit dem Projekt verbunden sind, oder Defizite bei der Nutzung von sozialen Fähigkeiten und Kommunikation gehören. Wenn Lehrer mit Gruppen interagieren, sollten sie eine Rolle einnehmen, die die Zusammenarbeit unterstützt, anstatt ihnen einfach zu sagen, was sie falsch machen und wie sie es wiedergutmachen können. Kagan (1992) schlägt vor, dass den Schüler empfohlen werden sollte, die „Drei vor mir"-Methode anzuwenden – die Suche nach Lösungen aus drei vorhandenen Quellen, bevor ein Schüler eine Frage an den Lehrer richtet. Barkley et al. (2005), Johnson und Johnson (1984) wie auch Silberman (1996) liefern in diesem Zusammenhang eine Reihe von Strategien, die eine unterstützende Interaktion fördern:

- Seien Sie ansprechbar bzw. gänzlich anwesend (nicht mit anderen Aufgaben, wie z. B. Arbeiten korrigieren, beschäftigt), um Anweisungen und Überprüfungsverfahren zu klären und Fragen zum Auftrag zu beantworten.

- Paraphrasieren Sie oder stellen Sie eine Frage, um zu klären, was ein Schüler geäußert hat.

- Geben Sie ein Kompliment für einen interessanten oder aufschlussreichen Beitrag.

- Widmen Sie sich mit Herz und Seele der Aussage eines Schülers und seien Sie fokussiert, unabhängig vom Beitrag des Schülers. Gegebenenfalls schlagen Sie eine neue Perspektive vor.

- Versprühen Sie Energie, indem Sie mit Humor und Leidenschaft arbeiten.

- Widersprechen Sie, falls notwendig, einer Schülerbemerkung im Sinne der Intervention, jedoch stets in einem respektierenden und schätzenden Rahmen.

- Vermitteln Sie zwischen den Schüler, wo erforderlich.

- Ziehen Sie Ideen zusammen, indem Sie auf Beziehungen hinweisen.

- Fassen Sie die wichtigsten Ansichten der Gruppe zusammen.

Mögliche Herausforderungen beim

6. Kooperativen Lernen

6.1 So viel wie möglich „abarbeiten"

In den traditionellen Klassen sehen viele Lehrer den Erfolg darin, möglichst viel Material zum Klassenthema abzudecken. Aus dieser Perspektive könnte kooperatives Lernen als äußerst ineffizient angesehen werden, da viele Lehrer eine Reduzierung der zu behandelnden Themen um etwa 50 % sehen (McManus 1996). Dies gleicht jedoch einem Vergleich von Äpfeln mit Birnen. Die Ziele für Klassen, in denen kooperatives Lernen eingesetzt wird, sind nicht die gleichen wie für einen anderen Unterricht. Es geht nicht mehr nur darum, ihnen *so viel wie möglich* über das Thema X oder den Sachverhalt Y zu vermitteln. Zu den Zielen gehört nun notwendigerweise die Ergänzung der Entwicklung der analytischen Fähigkeiten und des kritischen Denkens der Schüler durch soziale und kooperative Fähigkeiten, um ihre Fähigkeit zur guten Zusammenarbeit zu verbessern. Es ist zu erwarten, dass die Schüler effizienter werden, wenn sie Erfahrungen in einem kooperativen Umfeld sammeln. Doch angesichts der zusätzlichen Schwerpunkte beim kooperativen Lernen sollten die Lehrer ihre Erwartungen an die Breite oder Tiefe der Themen anpassen.

6.2 Aufgabe auswerten

Die Bewertung von Gruppenarbeit kann angesichts der Präferenzen der Schüler nach voller Kontrolle über ihre individuelle Note und der traditionellen Abhängigkeit des Lehrers von individuellen Benotungsverfahren eine Herausforderung darstellen. Pantiz (2003) stellt eine Liste von Techniken zur Verfügung, die bis zu einem gewissen Grad beide Aspekte berücksichtigen:

- Lehrerbeobachtungen während der Gruppenarbeit;

- Gruppenbewertung für Projekte;

- Schüler benoten sich gegenseitig oder bewerten den Grad des Beitrags, den jedes Mitglied zu einem Gruppenprojekt geleistet hat;

- zusätzliche Anerkennung, die gewährt wird, wenn Gruppen ihren früheren Leistungsdurchschnitt überschreiten oder wenn Einzelpersonen innerhalb einer Gruppe ihre früheren Leistungen um einen bestimmten Betrag übertreffen;

- Verwendung eines leistungsorientierten Ansatzes: Dieser Ansatz besagt, dass die Schüler einen Grad der Kompetenz (z. B. 90 % bei einem Wissenstest) in Bezug auf das erforderliche Wissen erreichen müssen, bevor sie mit dem Erwerb weiterer Informationen fortfahren können. Wenn ein Schüler die Tests nicht bestanden hat, wird er beim Lernen und Überprüfen der Informationen zusätzlich unterstützt und dann erneut getestet. Dieser Zyklus wird fortgesetzt, bis der Lernende die Kompetenzen erlangt hat. Erst danach kann er zur nächsten Stufe übergehen;

- die Verwendung von Quiz, Tests oder Aufgaben, die zur Gewährleistung der individuellen Verantwortlichkeit benotet werden.

6.3 Lernhinderliche Persönlichkeiten

Wenn Sie Schüler bei der Gruppenarbeit beobachten, sollten Sie unter anderem darauf achten, ob ein Schüler entweder ausgegrenzt wird oder die Konversation zu sehr dominiert. In den meisten Fällen hält sich eine solche Situation nicht lange. Der Schüler macht vielleicht gerade eine Pause oder verfügt über besondere Fachkenntnisse zu diesem Thema. Wenn sich jedoch andere Schüler beschweren oder das Thema langwierig erscheint, müssen Sie möglicherweise eingreifen.

Trittbrettfahrer

Dieses Verhalten tritt in kooperativen Kontexten nicht allzu häufig auf (Kaufman et al. 1999). Es kann ein Problem der Motivation bzw. der Unreife sein oder es kann der Fall sein, dass der Schüler zu schüchtern oder zu passiv ist, um sich auf die Gruppe einzulassen. Schüchterne oder unsichere Schüler können sich mit Hilfe der übrigen Gruppe engagieren, so dass der erste Versuch, das Problem zu lösen, darin bestehen sollte, die Gruppe dezent darauf hinzuweisen, alle Mitglieder der Gruppe gleichermaßen einzubeziehen.

- Eine Möglichkeit dazu wäre, der Gruppe vorzuschlagen, Rollen zuzuweisen. Nicht nur der passive Schüler hätte eine Verantwortung, sondern es wäre auch die Verantwortung bestimmter anderer Gruppenmitglieder, ihn in den Gruppenprozess einzubeziehen.

- Die Verwendung von Sprechkarten fördert auch die Beiträge aller Gruppenmitglieder: Die Schüler erhalten zu Beginn der Gruppenarbeit die gleiche Anzahl an Sprechkarten. Jedes Mal, wenn sie einen Beitrag zur Diskussion leisten, müssen sie eine Karte in die Tischmitte oder auf einen Stapel legen. Ein Schüler kann erst dann wieder einen Beitrag leisten, wenn alle Gruppenmitglieder nacheinander einen Beitrag geleistet haben. Verschiedene Sprechkarten können verwendet werden, um verschiedene Arten von Beiträgen (Brainstorming, kritische Reflexion, und weitere) in die gesamte Aufgabe zu integrieren.

- Einige Schüler ermutigen die Teilnahme passiver Schüler möglicherweise nicht, wenn sie glauben, dass sich dies negativ auf die Gruppennote auswirkt. Das Einbinden positiver Interdependenz und individueller Verantwortlichkeit (eines der fünf Schlüsselelemente des kooperativen Lernens) kann helfen, dieses Verhalten zu verhindern.

Wenn die Bemühungen innerhalb der Gruppe nicht zum Tragen kommen, können Sie den passiven Schüler für die nächste Einheit „auf Bewährung" setzen, indem er allein an einem Projekt arbeitet.

- Wenn Sie eine Möglichkeit haben, festzustellen, was jeder Schüler während des letzten Projekts getan hat, können Sie jede beliebige Gruppennote aufteilen und dem Schüler, der sich nun auf Bewährung befindet, eine separate, abweichende Note geben.

- Wenn das Einzelprojekt nicht oder nicht gut abgeschlossen wird, könnte der passive Schüler möglicherweise für die restliche Zeit des Projektes allein weiterarbeiten. Sie sollten gleichzeitig sicherstellen, dass seine ehemalige Gruppe nicht übermäßig behindert wird, indem Sie ein Mitglied weniger haben.

Dominante Persönlichkeiten / Perfektionisten

Manchmal ist es genau umgekehrt: Ein Schüler (gelegentlich auch zwei oder mehr) hat ein so hohes Niveau oder eine so intensive Beteiligung an einem Projekt, dass er (oft unbeabsichtigt) seine Gruppenmitglieder ausschließt.

- Hier kommt es paradoxerweise häufig dazu, dass der hinderliche Schüler derjenige ist, der sich beim Lehrer beschwert (dass seine Mitschüler nicht den entsprechenden Beitrag leisten).
- Sorgfältige Überwachung ist notwendig, um eine Gruppe mit Trittbrettfahrern von einer Gruppe mit einem oder mehreren dominanten Persönlichkeiten / Perfektionisten zu unterscheiden.
- Eine andere Möglichkeit ist, dass bestimmte Mitglieder der Gruppe gute Freunde sind und es so viel einfacher finden, miteinander zu kommunizieren, sodass sie in der Folge schüchterne Schüler nicht in ihre Konversation einbeziehen.
- Oftmals warnt ein perfektionistisch veranlagter Schüler einen Lehrer schon früh, dass er mit Gruppenarbeit nicht umgehen kann.

Ohne Schuldzuweisung ist es möglich, dieses Problem wie Trittbrettfahrer zu behandeln; helfen Sie der Gruppe, ihre Gruppendynamik umzustrukturieren, indem Sie die Interdependenz, die Verfahren der sozialen Kompetenz, die Verarbeitung, die individuelle Verantwortung usw. erhöhen. Wenn dies erneut scheitert, ist es vielleicht am besten, die Gruppe aufzubrechen und einige Leute in Einzelarbeit fortfahren zu lassen. Perfektionistische Schüler ziehen es vielleicht vor, allein zu arbeiten. Andererseits sollte dies eine Erscheinung in mehreren Gruppen sein, kann jede noch so gute Vorbereitung und Planung im Vorfeld ihre Schwächen aufweisen. Dann wäre es ratsam, die Klassengemeinschaft als Ganze zusammenkommen und das Problem gemeinsam beheben zu lassen. Oftmals genügen einige gruppenexterne Auswechslungen, um die Gruppendynamik wiederherzustellen.

6.4 Peer Review

Die Verarbeitung in der Gruppe und manchmal auch die Arbeit der Gruppe selbst kann von der Fähigkeit der Mitglieder abhängen, konstruktive Kritik zu üben, und von der Wahrnehmung, dass es sicher ist, dies in ihrer Gruppe zu tun. Viele Schüler haben wenig oder schlechte Erfahrungen mit der Kritik von Gleichaltrigen gemacht oder sind nicht bereit, im Gegenzug Kritik zu erhalten. Unter diesen Bedingungen können sich die Gruppenmitglieder ihrem Anteil am Projekt widmen, wobei sie sich nicht unbedingt die Arbeit ihrer Partner ansehen und folglich „einfach“ zur nächsten Aufgabe übergehen.

Dies kann bei Paaren, die über eine längere Dauer (beispielsweise über ein ganzes Schuljahr) zusammenarbeiten müssen, ein größeres Problem darstellen. Eine größere Gruppe (drei bis vier) vermindert den Druck, sich ein wenig zu vertragen, vor allem wenn sie beauftragt werden, die Arbeit einer anderen Person jedes Mal kritisch zu reflektieren. Es kann auch notwendig sein, den Schülern beizubringen, wie sie konstruktive Kritik geben und entgegennehmen können. Oftmals fehlen hier die Einsichten, um hinderliche Haltungen zu intervenieren.
Eine weitere Möglichkeit, Peer Review frühzeitig zu erleichtern, wäre die Durchführung von Blindverkostungen: Alle Ergebnisse werden dem Lehrer mit einer ihm bekannten Schülernummer vorgelegt. Der Lehrer gibt sie dann zur anonymen Überprüfung wieder an die Gruppenmitglieder aus und sendet sie vor der Benotung zur Überarbeitung an den ursprünglichen Schüler zurück.

Bewertung des 7. kooperativen Lernens

Beurteilungsaktivitäten können entweder als formativ oder summativ kategorisiert werden (Scriven 1991; Stockmann 2006), die beide für kooperative Lernübungen geeignet sind, da sie Möglichkeiten bieten, Schlüsselkomponenten kooperativer Lernübungen wie positive Interdependenz und individuelle Verantwortlichkeit (eines der fünf Schlüsselelemente des kooperativen Lernens) zu verbessern.

- Formative Beurteilungsaktivitäten werden verwendet, um Feedback zu geben und den Lernfortschritt zu bewerten, wodurch die Schüler zu höheren Ebenen motiviert werden können.
- Summative Beurteilungsaktivitäten werden verwendet, um die Endergebnisse auf Vollständigkeit, Kompetenz und / oder nachgewiesene Verbesserung zu beurteilen.

Nahezu jede Bewertung kann so entwickelt werden, dass sie entweder ein formatives oder ein summatives Bewertungsziel erfüllt. Schriftliche Berichte können z. B. einen Überarbeitungs- und Wiedervorlageprozess beinhalten, der den Schüler vor der Bewertung des Endprodukts ein Feedback darüber gibt, welcher Aspekt seiner Arbeit verbesserungsbedürftig ist. Beurteilungsaktivitäten können in verschiedenen Phasen des kooperativen Lernens durchgeführt werden und können entweder vom Lehrer oder vom Schüler durchgeführt werden.

7.1 Bewertung vor der Durchführung

Die Entwicklung von Beurteilungsstrategien, die vor der Übung umgesetzt werden, ist am besten geeignet, wenn kooperative Lernübungen komplexer und zeitintensiver sind und anspruchsvollere Inhalte verwenden. Der Erfolg solcher Übungen hängt zum Teil von der Vorbereitung der Schüler und den Aktivitäten vor der Übung ab und kann ein Signal für die Bedeutung und Komplexität dieser Arbeit für die Schüler sein.

Die „Eintrittskarten zur Teilnahme" sind eine Form der Bewertung, die von den einzelnen Schülern verlangt, dass sie vor Beginn der kooperativen Lernübung eine Aufgabe erfüllen. Der Zweck dieser Aufgaben besteht darin, die Schüler dahingehend vorzubereiten, indem sie ihre Aufmerksamkeit auf die für die Auflage relevanten Inhalte konzentrieren und die Wahrscheinlichkeit, dass die Schüler nicht vorbereitet sind, verringern. Diejenigen, die die Aufgabe nicht abschließen, werden in eine Gruppe zusammengesetzt und erhalten demnach die Aufforderung, die Übung zunächst abschließen. Es ist sehr wahrscheinlich, dass solche unvorbereiteten Schüler einen Output von geringerer Qualität als ihre sonst vorbereiteten Mitschüler erzeugen, was zu einer wertvollen Lektion führen kann.

7.2 Bewertung während der Durchführung

Die Bewertung kann entweder auf der Ebene des Einzelnen oder der Gruppe während der kooperativen Lernübung erfolgen, was durch sorgfältige Beobachtung und Intervention erfolgen kann. Darüber hinaus kann sie durch eine formelle Pause in der Übung erleichtert wird, in der alle Gruppen ihren Fortschritt überprüfen.

Die Zuweisung von Rollen an die Gruppenmitglieder, wie z. B. Feedbackgeber, Ausarbeiter, Protokollant und / oder Zusammenfassender, bietet einen formelleren Mechanismus zur Bewertung des Fortschritts der Gruppe. Es ist auch möglich, die individuellen Beiträge zu einem Teil Ihrer Gruppenarbeitsbeobachtung werden zu lassen, indem Sie regelmäßig stichprobenartige Schülerberichte oder mündliche Prüfungen (die nach Ermessen des Lehrers bewertet werden) anfordern.

- Lassen Sie bei der Bildung von Gruppen die Schüler innerhalb jeder Gruppe abzählen. In jeder Gruppe hat also ein Schüler die Zahl „1, ein anderer die Zahl „2“, usw.
- Gehen Sie an einem geeigneten Punkt der Übung auf eine Gruppe zu und wählen Sie eine zufällige Zahl aus. Diese Person muss dann über den Fortschritt der Gruppe berichten oder eine Frage darüber beantworten, womit die Gruppe in diesem Moment beschäftigt ist.

7.3 Bewertung nach der Durchführung

Um sicherzustellen, dass alle Schüler nach den **gleichen Standards** arbeiten, ist es hilfreich, eine detaillierte Beschreibung (eventuell ein Arbeitsblatt oder Checkliste) der Benotung des Projekts zu liefern.

- Individuelle Verantwortlichkeit: In den meisten Klassen des kooperativen Lernens nehmen die Schüler immer noch an individuellen Tests teil (zum Teil, um sicherzustellen, dass alle die Arbeit gleichermaßen durchführen). Gruppenprojekte können auch zu individuellen Produkten führen. Bei der Peer-Review-Methode beispielsweise liegt der Bericht in der Verantwortung des Schreibers.
- Gruppenverantwortung: Zu den graduellen Gruppenprodukten gehören unter anderem Präsentationen, Poster und Berichte.

8. Evaluation

Lehrer

Die Bewertung durch den Lehrer gibt den Schüler Rückmeldung über das Verständnis von Inhalten, Konzepten und Anwendungen. Sie ist das traditionellste aller Formate und bildet in der Regel die primäre Grundlage für die Evaluation.

Einzelperson und Selbstbewertung

Die Schüler können durch aktive Reflexion ihrer Leistungen ein besseres Verständnis ihres Lernprozesses entwickeln – also eine metakognitive Perspektive einnehmen, die das zukünftige Lernen fördert. Solche Beurteilungen bauen auch Schreib- und Sprechfertigkeiten auf, da die Schüler ihr Wissen über das Thema, ihre Problemlösungsfähigkeiten und ihren Beitrag zur Gruppenevaluation unter Beweis stellen.

Mitschüler

Die Möglichkeit für die Gruppenmitglieder, die Arbeit ihrer Mitschüler zu beurteilen, gibt wichtige Rückmeldungen über die relativen Vorzüge der Beiträge und fördert die Zusammenarbeit, wenn die Schüler ihre Verantwortung gegenüber der Gruppe erkennen. Ein Wort der Vorsicht ist jedoch angebracht, da der Peer-Review-Prozess komplex ist und sich auf klar definierte Kriterien und eine von allen Teilnehmern klar verstandene Evidenzbildung stützt.

Wissenswertes zu

9. Gruppenprozessen

Gruppen brauchen eine bestimmte Zeit, um zu diskutieren, wie sie ihre Ziele erreichen und effektive Arbeitsbeziehungen zwischen den Mitgliedern aufrechterhalten. Die Lehrer strukturieren die Gruppenarbeit, indem sie Aufgaben zuweisen, indem sie zum einen mindestens drei Aktionen der Mitglieder auflisten, die der Gruppe zum Erfolg verhelfen, und zum anderen eine Aktion beschreiben, die hinzugefügt werden könnte, um die Gruppe morgen noch erfolgreicher zu machen (Johnson et al. 2006).

Die Gruppenevaluation beim kooperativen Lernen hat mehrere Zwecke:

- Erlauben Sie der Gruppe, ihre Zusammenarbeit im Laufe der Zeit kontinuierlich zu verbessern.
- Konzentrieren Sie die Aufmerksamkeit auf die Beiträge der Gruppenmitglieder, um die individuelle Rückmeldepflicht zu erhöhen.
- Vereinfachen Sie den Lernprozess durch Rationalisierung.
- Reduzieren oder eliminieren Sie Aktionen, die nicht positiv zum Lernen der Gruppe beitragen.

Der Lehrer kann die Gruppenevaluation für ihre Schüler auf verschiedene Weise einrichten. Zunächst wählen sie die Fähigkeiten aus, auf die sich die Gruppen als Teil der Zielsetzung der Aktivität konzentrieren sollen. Anschließend erklären sie ihren Schülern, welche Handlungen während der gesamten Aktivität von ihnen erwartet werden. Hieran anknüpfend beobachten sie die verschiedenen Gruppen während der Aktivität, beobachten die Aktionen der Schüler und greifen gegebenenfalls ein, um das Lernen einer Gruppe zu verbessern. Dies alles bildet die Grundlage, von der aus die Schüler und Gruppen ihre eigenen Beiträge zur Gruppenevaluation durchführen (Johnson et al. 2006).

- Rückmeldung: Jeder Schüler in der Gruppe gibt und erhält positives Feedback zu seinem Beitrag in der Gruppe. Es ist sehr wichtig, dass die Rückmeldung positiv ist, um einen Impuls zur Verbesserung der Leistung zu erzeugen.

- Verarbeitung: Die Schüler analysieren und reflektieren die Rückmeldungen, die sie erhalten haben.

- Ziele der Verbesserung: Einzelne Schüler und Gruppen setzen sich Ziele zur Verbesserung ihrer Arbeit. Der Einzelne kann eine bestimmte soziale Kompetenz auswählen, die er dann effektiver einsetzen kann. Gruppen können sich für eine gemeinschaftliche Fertigkeit entscheiden, an der sie beim nächsten Mal arbeiten wollen.

- Belohnung: Die Gruppen belohnen sich für ihre Arbeit, die Beiträge der Mitglieder sowie den Erfolg der Gruppe. Belohnungen bieten den Schülern eine Ermutigung, ihre Gruppenarbeit weiter zu verbessern.

Die Gruppenevaluation ist ein sehr wichtiger Teil des kooperativen Lernens. Laut Johnson und andere (1998) lernen die Schüler nicht aus Erfahrungen, über die sie nicht nachdenken. Es ist entscheidend für den Erfolg der Gruppen, dass die Gruppenevaluation nicht zu kurz kommt, weil die Zeit am Ende einer Unterrichtseinheit zu knapp wird, da die nächste bereits ansteht. Wenn der Unterricht fast vorbei ist, können Sie die Schüler sich gegenseitig konstruktives Feedback geben lassen, die Verarbeitung als Hausaufgabe zuweisen oder die Gruppenarbeit von gestern zu Beginn des heutigen Unterrichts bearbeiten.

Ein Beispiel des gruppenspezifischen konstruktiven Feedbacks, das ich regelmäßig umsetze, sieht wie folgt aus: Die Schüler antworten auf spezifische Fragen wie „Was hat funktioniert?“, „Was hat nicht funktioniert?“ und „Was kann geändert werden, um den Prozess der Gruppenarbeit zu verbessern“.

9.1 Tuckmans Phasen der Gruppenbildung: Forming, Storming, Norming, Performing und Adjorning

Sobald eine neue Gruppe von Menschen erstmalig zusammenkommt, gehen verschiedene Gruppenbildungsprozesse vonstatten. Dabei benötigt es allen voran Zeit, bis sie die Gruppe eingespielt hat und eine gewisse erwartete Leistung erbringen kann. Bruce W. Tuckman hat sich diesem Phänomen der Gruppenbildungsprozesse gewidmet, weil er typische Phasen erkannt hat, die neue Gruppen typischerweise erleben.

Ein Blick auf dieses Gruppenbildungsmodell soll an dieser Stelle unterstützend wirken, um die Prozesse zu verstehen und dieses Modell so zu nutzen, dass die entsprechenden Gruppen effizient und produktiv arbeiten können. Erstmalig 1965 in dem Artikel „Developmental Sequence in Small Groups" erschienen, unterteilt Tuckman den gängigen Prozess einer neuen Gruppe in die Phasen „Forming, Storming, Norming, Performing". Seiner Meinung nach durchläuft jedes neuentstandene Team dieses Muster, um schließlich eine Aufgabe auf höchstmöglichem Niveau bewältigen zu können.

Heute ist dieses Modell eines der effektivsten und wirksamsten, um Gruppenprozesse zu analysieren, zu verstehen und strukturell zu verbessern. Nachfolgend wird auf die einzelnen Phasen eingegangen, damit Sie ein umfassendes Verständnis für die Gruppenprozesse in Ihrem Klassenraum erhalten, um so zielgerichtet und lösungsorientiert wirken zu können.

Forming (Findungsphase)

Wie der Name bereits impliziert, findet in dieser Phase die erste Begegnung zwischen allen Gruppenmitgliedern statt. Wie auch außerhalb von Gruppenbildungen üblich, verhalten sich hier die einzelnen Mitglieder den noch fremden Menschen gegenüber freundlich und eher positiv gestimmt. Dabei kann es auch unter Umständen vorkommen, dass einige eher ängstlich, schüchtern oder verwirrt agieren, weil sie die Aufgabe der Gruppe noch nicht verstanden haben und / oder nicht wissen, welches Ziel die nachfolgende Arbeit verfolgt. Ebenso gibt es jedoch auch meist Mitglieder, die von vornherein auch komplexere Aufgabenstrukturen nachvollziehen und somit von Anfang an wissen, wie sie vorgehen können. Als Lehrer spielen Sie in dieser Phase eine entscheidende Rolle, da das Gelingen oder Misslingen der Aufgabe bzw. der zu erbringenden Leistung maßgeblich von Ihnen abhängt. Das liegt nach Tuckman unter anderem daran, dass die einzelnen Rollen innerhalb der Gruppenmitglieder noch nicht geklärt sind. Insofern kann diese Phase eine bestimmte Zeit in Anspruch nehmen, damit sich die Gruppe findet, um sich anschließend auf die Zusammenarbeit einzustellen und mit der Aufgabenbewältigung bzw. Leistungserbringung zu beginnen (Tuckman 1965).

Storming (Konfliktphase)

Als Nächstes geht die Gruppe in die Konfliktphase – in einen sogenannten Sturm – über, in der die Schüler anfangen, gegen die in der Formierungsphase festgelegten Grenzen zu stoßen. Dies ist die Phase, in der viele Gruppen vorweg bereits scheitern. Die Konfliktphase beginnt oft schon dort, wo es einen Konflikt zwischen den natürlichen Arbeitsstilen der einzelnen Schüler gibt. Menschen können aus den verschiedensten Gründen auf unterschiedliche Weise arbeiten, doch wenn unterschiedliche Arbeitsstile unvorhergesehene Probleme verursachen, können sie frustriert werden. „Stürme" können auch in anderen Situationen auftreten: Beispielsweise können die Schüler Ihre Autorität oder Ihre Position in Frage stellen, wenn ihre Rollen geklärt sind. Ferner kann es dazu kommen, wenn Sie nicht klar definiert haben, wie die Gruppe arbeiten wird, dass die Schüler vielleicht vom Arbeitspensum überfordert sind oder sich mit der von Ihnen gewählten Vorgehensweise nicht wohlfühlen. Wiederum andere mögen den Wert des Gruppenziels in Frage stellen und sich daher weigern, Aufgaben für die Bewältigung zu übernehmen. Gruppenmitglieder, die an der Aufgabe festhalten, können wiederum Stress erfahren, insbesondere da sie nicht über die Unterstützung etablierter Prozesse oder starke Beziehungen zu ihren Mitschülern verfügen.

Norming (Regelungsphase)

Nach und nach geht die Gruppe in die Phase der Regelung über. Das ist der Zeitpunkt, an dem die Schüler beginnen, ihre Differenzen zu lösen, die Stärken der Gruppenmitglieder zu schätzen und womöglich Ihre Autorität als hauptsächliche Führungskraft im Klassenraum anzuerkennen (wenn Sie beispielsweise interveniert haben).

Da sich nur die Mitschüler in dieser Konstellation besser kennengelernt haben, können sie sich miteinander unterhalten, sich gegenseitig um Hilfe bitten und konstruktives Feedback geben. Dadurch entwickeln die Schüler ein stärkeres Engagement für das Gruppenziel und beginnen, gute Fortschritte auf dem Weg dorthin zu sehen. Die positive Interdependenz wird zunehmend gestärkt und im Verlauf des Arbeitsprozesses stetig verbessert. Oft gibt es eine längere Überlappung zwischen Storming und Norming, da die Gruppe bei neuen Aufgaben möglicherweise wieder in das Verhalten aus der Konfliktphase zurückfällt.

Performing (Leistungsphase)

Die Gruppe erreicht die anschließend die Leistungsphase, wenn sie ohne weitere, große Reibereien das Gruppenziel erreicht haben. Die Strukturen und Prozesse, die Sie im Vorfeld zur Stärkung der positiven Interdependenzen eingeführt haben, können dies wirkungsvoll unterstützen. Als Lehrer können Sie einen Großteil Ihrer Arbeit delegieren und sich auf die Entwicklung der Gruppenmitglieder konzentrieren, was eine Erleichterung im Hinblick auf die Bewertung darstellt.

Adjorning (Auflösungs- bzw. Verabschiedungsphase)

Die Gruppen erreichen schließlich die Phase der Auflösung bzw. der Verabschiedung (oftmals wird diese Phase auch Trauer genannt, weil eine gewisse Wehmut mit dem Abschied einhergeht). Im Unterrichtskontext ist die letzte Phase im Tuckman-Modell weniger ausgeprägt, weil nach einer Gruppenphase häufig die nächste folgt. Darüber hinaus befinden sich die Gruppenmitglieder nach wie vor in ihrer üblichen Klassengemeinschaft, weshalb diese Phase im System Schule meist ausgeklammert werden kann. Einzig bei Abgängen von Schülern (beispielsweise aufgrund eines Umzuges) oder bei Abschlussklassen sollte die Auflösungs- / Verabschiedungsphase keinesfalls unterschätzt werden. Vielmehr ist es Ihre Aufgabe als Lehrer, auch dieser Phase genügend Zeit und Raum zu bieten, um den Schülern und der Klasse als Ganzes unterstützend zur Seite stehen zu können.

9.2 Die Rolle des Lehrers vs. die Rolle der Aufgabe

Die Rolle des Lehrers ist eine Schlüsselkomponente für effektives Peer-Learning. Diese Rollen können sehr komplex sein und umfassen unterschiedliche Rollen (Vorbereitung von Lernaktivitäten, des Modells der Problemlösung und anderer intellektueller Fähigkeiten, des Koordinators von Aktivitäten und des Bewerters der Arbeit der Schüler). All diese Rollen tragen zur Förderung effektiver Gruppenprozesse bei. Unterschiedliche Gruppenaktivitäten erfordern unterschiedliche Haltungen in Bezug auf Schüler, Aufgaben und Ergebnisse. Die Lehrer müssen sowohl den sozialen Kontext, in dem das Lernen stattfindet, als auch die kognitiven Prozesse berücksichtigen, die in diesem Kontext entweder unterstützt oder behindert werden. Sie müssen ihre Klassenräume analysieren, um festzustellen, ob es Hindernisse gibt, die die kognitiven Möglichkeiten der Schüler einschränken oder sie daran hindern, diese Möglichkeiten zu nutzen. Lehrer können viele Rollen in Bezug auf den Einsatz von Gruppenarbeiten übernehmen. Die Qualität des Diskurses der Schüler ist nicht der einzig wichtige. Auch das Beispiel, das der Lehrer in Bezug auf den Diskurs liefert, ist von entscheidender Bedeutung.

Webb und Kollegen (2006) fanden heraus, dass Schüler den Diskurs von Lehrern im Rahmen eines halbjahreslangen Programms des kooperativen Lernens im Mathematikunterricht der Mittelschule reproduzieren. Sie kamen zu dem Schluss, dass die von dem Lehrer vorgestellten Haltungsmuster der Aufgabe gegenüber von den Schülern nachgeahmt wurden. Wenn der Lehrer ein niedriges Niveau kognitiver Aktivität modellierte, folgten die Schüler dem Beispiel. Die Lehrer hatten Schwierigkeiten, ihre Verhaltensweisen so zu ändern, dass sie den Schülern die Autorität für den Diskurs zugestanden.

Es erfordert viel berufliche Entwicklung, damit Lehrer Gruppenprozesse im Klassenzimmer effektiv einsetzen können. Wenn mehr als eine Person an einer Lernaufgabe beteiligt ist, sind soziale Prozesse involviert. Cohen und Kollegen (2002) haben gezeigt, dass sich die Interaktionen der Schüler verbessern und ihr Lernfortschritt zunimmt, wenn sie Kriterien für ein akzeptables Gruppenprodukt erhalten und diese zur Bewertung ihrer Arbeit verwendet werden.

Lehrer müssen Ziele für jede Aufgabe festlegen, die sie den Schülergruppen zuweisen. Sie können Aufgaben mit dem Ziel auswählen, die Schüler zu motivieren oder zu engagieren, einen Kontext für die soziale Interaktion mit einem Schüler zu schaffen, der besondere Schwierigkeiten hat oder die Schüler dazu zu bringen, fachbezogene Informationen zu lernen. Darüber hinaus besteht die Möglichkeit, ihnen zu vermitteln, sich in höherwertige Argumentations- und Denkmuster zu vertiefen. Je nach den Zielen der Aufgabe wird die Art der eingesetzten Gruppenaufgabe variieren.

Aufgaben im Klassenzimmer können entlang einer Reihe von Dimensionen klassifiziert werden:

Erste Dimension: Komplexität

Die Aufgaben variieren in den Anforderungen, die sie an die kognitiven, affektiven, sozialen und metakognitiven Prozesse der Schüler stellen. Komplexe Aufgaben funktionieren am besten unter Bedingungen, unter denen die Belohnungskontingente nicht zu hoch sind. Einfache Aufgaben sind für die Schüler möglicherweise nicht interessant, die darauf mit sozialem oder kognitivem Faulenzen reagieren können. Die Aufgaben können auch einfach sein und einfache kognitive Strategien erfordern. Ein Beispiel für eine einfache Aufgabe ist das Auswendiglernen der Namen der Hauptstädte von Staaten, was eine anschließende Probe erfordert. Die Aufgaben

erfordern verschiedene Arten von Wissen. Diejenigen, die den Erwerb von Grundwissen beinhalten, sind solche, bei denen Informationen im Gedächtnis des Schülers für den späteren Abruf kodiert werden.
Zu den Strategien, die den Schülern bei der Bewältigung solcher Aufgaben helfen sollen, gehört die Vermittlung von Auswendig- und Probestrategien, wie z. B. die Verwendung von Mnemotechniken, Zusammenfassungen und Ausarbeitungsstrategien. Andere Aufgaben erfordern komplexere kognitive Fähigkeiten, z. B. die Schüler in kleinen Gruppen zu bitten, einen Zoo zu entwerfen. Um diese Aufgabe zu erfüllen, müssen die Schüler die verschiedenen Bereiche eines Zoos erforschen, die Arten von Tieren kennenlernen, die den Zoo bewohnen könnten, und lernen, wie man die Tiere pflegt. Bei Aufgaben wie diesen müssen die Schüler ihre eigenen Fragen stellen, Alternativen untersuchen, Informationen sammeln, die Informationen organisieren, Beweise oder Argumente zur Unterstützung von Ideen generieren und Schlussfolgerungen ziehen. Die Techniken, die den Erwerb von Grundkenntnissen und die Einübung unterstützen, reichen nicht aus, um diese Art von übergeordnetem Denken zu fördern. Aufgaben, die offener sind oder eine stärker kollaborative Wissenskonstruktion erfordern, erfordern kooperative Techniken, die weniger strukturiert sind, um die Arten von Interaktionen zu ermöglichen, die den kognitiven Komplex fördern, der schließlich zu den gewünschten Ergebnissen führt.

Zweite Dimension: Interaktion vs. positive Lernergebnisse

Cohen (1994) unterscheidet zwischen Einzel- und Gruppenaufgaben. Diese Unterscheidung hat Aufgaben inne, die besser allein erledigt werden können, und solche, die am besten von einer Gruppe erledigt werden sollten. Nach Cohen ist eine Gruppenaufgabe eine Aufgabe, die „Ressourcen (Informationen, Wissen, heuristische Problemlösungsstrategien, Materialien und Fertigkeiten) erfordert, die kein Einzelner besitzt, so dass kein einziger Schüler die Probleme oder Aufgabenziele wahrscheinlich ohne zumindest einen gewissen Input von anderen lösen oder erreichen wird.

Solche Aufgaben sind offen oder weniger strukturiert und erfordern eine Problemlösung. Die Schüler können sich komplexen Aufgaben aus verschiedenen Blickwinkeln nähern und haben vielfältige Möglichkeiten, ihre intellektuelle Kompetenz unter Beweis zu stellen und weiterzuentwickeln.
Diese Aufgaben, die sich mit wichtigen Inhalten befassen, erfordern eine positive Interdependenz zwischen den Gruppenmitgliedern und die individuelle Verantwortung aller Mitglieder. Zu solchen Aufgaben gehören auch klare Kriterien dafür, wie das Ergebnis der Gruppe bewertet wird. Lotan (2003) bezeichnet diese Art von Aufgaben als gruppenwürdige Aufgaben. Der Einsatz dieser Art von Aufgaben zur Förderung des Lernens erfordert viel Zeit und Fachwissen von Seiten des Lehrers.

10. Methoden

von A wie „Argumentationsstafette"
bis Z wie „Zukunftswerkstatt"

1. DAS 4ER-SKRIPT

Definition:

Die Methode „4er-Skript" dient zur schriftlichen Ergebnissicherung einer Gruppenarbeit, die aus vier Gruppenmitgliedern besteht, oder auch dazu, um verschiedene Aspekte einer Aufgabe bzw. eines Textes zu sichern.

Voraussetzungen:

Lernchancen:

- Es wird die Methoden- und Sozialkompetenz gefördert.
- Die Schüler übernehmen Verantwortung für ihre eigenen Ergebnisse.
- Die Schüler werden in ihrer schriftlichen Ausdrucksfähigkeit und Kompromissbereitschaft gestärkt.

Durchführung:

- Der Lehrer teilt die Schüler in Gruppen ein, die Teilaspekte eines übergeordneten Themas ausarbeiten.
- Nachdem die Gruppen ihre Ergebnisse erarbeitet haben, tragen die Gruppen ihre Ergebnisse auf ein vorbereitetes Skript ein. Hierfür wird ein Skript vorbereitet, welches in vier Felder eingeteilt wird und einen Kreis in der Mitte aufführt.
- Die erste Gruppe verschriftlicht ihre Gruppenergebnisse in das erste Feld links oben ein und leitet das Skript im Uhrzeigersinn an die nächste Gruppe weiter, damit diese ihr Ergebnis in das nächste Feld eintragen.
- In der Mitte des Skriptes tragen die Gruppen Überschriften oder Übereinstimmungen zwischen den Gruppen ein.
- Anschließend wird das Skript als Poster vergrößert und präsentiert.

Tipps:

- Der Lehrer weist die Schüler darauf hin, dass die Arbeitsergebnisse stichpunktartig festgehalten werden.
- Das 4er-Skript kann auch zu einem 6er-oder 8er Skript erweitert werden.

2. DIE METHODE 6-3-5

Definition:

Die Methode 6-3-5 wird auch als „Brainwriting“ bezeichnet. Die Methode unterstützt die Schüler bei der Ideenfindung. Die Zahlen 6-3-5 geben die Spielregeln, also den festgelegten Ablauf, und die festgelegte Zeit vor.

Lernchancen:

- Die Methode fördert die nonverbale Kommunikationskompetenz der Schüler.
- Sie hilft den Schülern in ihrer Kreativität.

Voraussetzungen:

Durchführung:

- Der Lehrer stellt ein Problem dar und teilt die Schüler in Gruppen mit je sechs Schülern ein. Die Schüler sitzen an einem Tisch und entwickeln gemeinsam als Gruppe Lösungsvorschläge, um die gestellte Frage bzw. das Problem zu lösen.
- Der Lehrer gibt eine feste Zeit vor. Innerhalb dieser festgelegten Zeit notieren die Schüler in drei vorgegebenen Felder je eine Idee.
- Daraufhin wird das Blatt zum linken Nachbarn weitergereicht. Diesen Prozess führen die Schüler fünf Mal hintereinander durch. Jeder Schüler liest das Blatt, das er erhält, durch, um sich durch die verschriftlichten Vorschläge der Gruppenmitglieder zu neuen Ideen anzuregen. Dabei ergänzt der Schüler das Blatt mit seinen Ideen und leitet das Blatt an seinen links sitzenden Nachbarn weiter.
- Während der Durchführung kommunizieren die Schüler nur schriftlich miteinander.

- Abschließend werden die Blätter der einzelnen Gruppen aufgehangen und während eines Rundgangs erneut betrachtet. Der Lehrer erteilt den Auftrag, dass jeder Schüler die Ideen auf jedem Blatt bewerten soll. Dabei werden jeweils drei Ideen, die ihn ansprechen, blau und drei Ideen, die er ablehnt, rot markiert.
- Zum Schluss werden die Bewertungen gemeinsam betrachtet und eine Rangliste der Lösungsvorschläge erstellt.

Tipps:

- Die Schüler sollten darauf aufmerksam gemacht werden, dass sie leserlich schreiben sollen, um einen reibungslosen Ablauf dieser Methode zu gewährleisten.

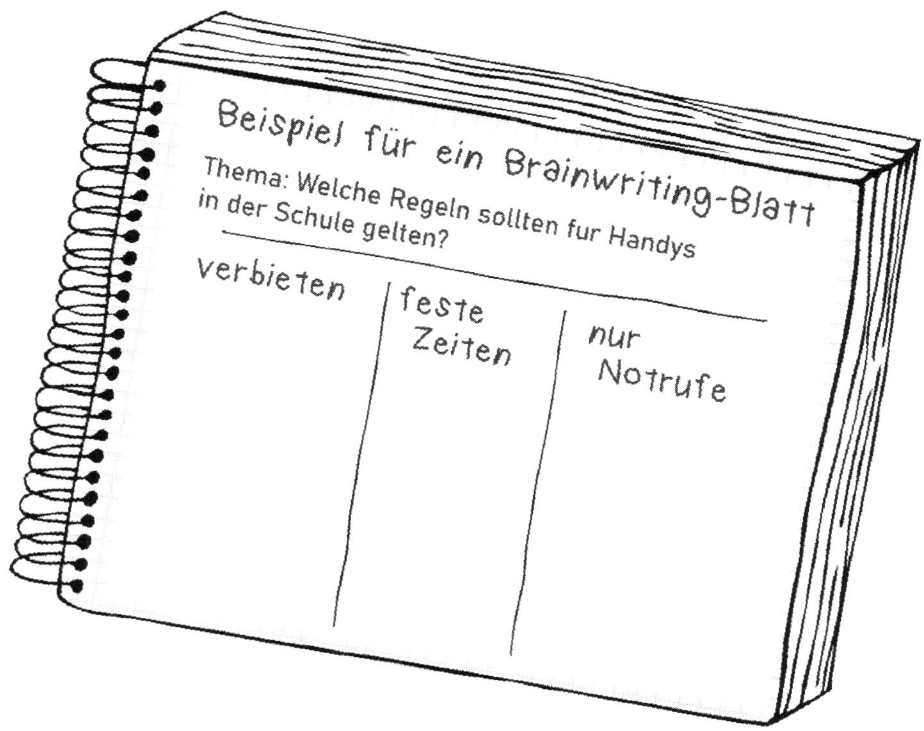

3. ABC-METHODE

Definition:

Die ABC-Methode dient zur Festigung von Fachbegriffen oder als Einstieg, um Vorwissen zu aktivieren. Entsprechend des Alphabetes weisen die Schüler jedem Buchstaben einen Begriff zu.

Voraussetzungen:

Lernchancen:

- Die Methode aktiviert das Vorwissen der Schüler.
- Sie schult sie in ihrer Fach- und Methodenkompetenz.
- Die Kommunikationsfähigkeit wird angeregt.
- Die Kompromissbereitschaft der Schüler wird geschult.
- Sie fördert spielerisch das Fachwissen und damit das spielerische Lernen der Schüler.

Durchführung:

- Der Lehrer nennt das Thema und verteilt jedem Schüler ein Blatt. Auf dem Blatt sind die Buchstaben des Alphabets untereinander aufgelistet.
- Ausgehend vom vorgegebenen Thema sollen die Schüler zu jedem Buchstaben einen passenden Begriff verschriftlichen. Daraufhin sucht sich jeder Schüler einen Partner aus.
- Die Schülerpaare vergleichen untereinander ihre Notizen und markieren die für sie besonders wichtigen Begriffe.
- Im nächsten Schritt setzen sich die Schülerpaare mit einem weiteren Schülerpaar zusammen. In Gruppen tauschen sich die jeweiligen Mitglieder über die markierten Begriffe aus und einigen sich auf eine Rangfolge.
- Anschließend stellt ein Sprecher aus jeder Gruppe die Ergebnisse im Plenum vor.

Tipps:

- Die Methode eignet sich besonders gut als Einstiegsmethode für Sachthemen oder zur Festigung von erlernten Fachbegriffen.

- Um je nach Thema unnötige Zeitverluste vorzubeugen, kann der Lehrer schwierige Buchstaben überspringe, wie z. B. „Q, X, Y“.

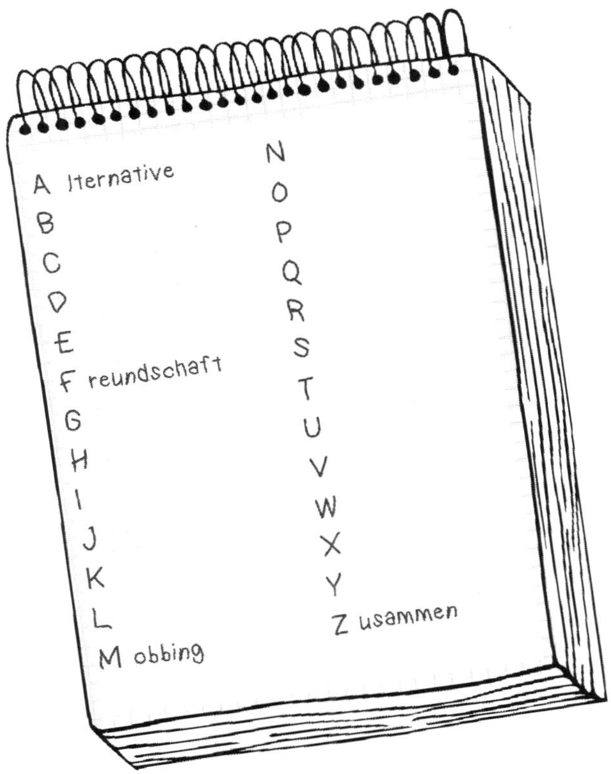

4. AMERICAN DEBATE

Definition:

Methode „American Debate“ wird auch als „Zigzag Discussion“ bezeichnet. Die Methode eignet sich für Pro- und Kontra-Debatten, wobei jeder Redebeitrag sich auf den vorausgegangenen Redebeitrag beziehen muss.

Voraussetzungen:

Lernchancen:

- Die Methode fördert die Methoden- und Sozialkompetenz der Schüler.
- Sie schult das aktive und achtsame Zuhören.
- Das spielerische Lernen der Schüler wird gestärkt.
- Sie fördert die Kommunikationsfähigkeit der Schüler.
- Alle Schüler werden einbezogen.
- Sie legt den Fokus auf die konzentrierte Differenzierungsfähigkeit im Hinblick auf Kerninformationen.

Durchführung:

- Der Lehrer teilt die Schüler in kleinere Gruppen zusammen und teilt anschließend das Thema mit.
- In ihren Gruppen bereiten die Schüler Pro- und Kontra-Argumente zum vorgegebenen Thema vor.
- Anschließend bilden die Schüler zwei Reihen und setzten sich so, dass sie sich gegenseitig anschauen können. Hierbei ist zu beachten, dass eine Schülerreihe lediglich aus Schülern besteht, die die Pro-Argumente vortragen werden, und eine Seite lediglich aus Schülern, die die Kontra-Argumente vertreten werden.
- Nun beginnen die sich gegenübersitzenden Schüler mit dem Debattieren. Dabei achtet der Lehrer in der Rolle des Spielleiters darauf, dass die Spielregeln eingehalten werden. Die Schü-

ler lassen einander ausreden und tragen ihre Redebeiträge immer im Wechsel vor. Das bedeutet, dass, nachdem ein Mitglied der Pro-Seite geredet hat, ein Mitglied der Kontra-Seite das Wort hat. Des Weiteren muss sich jeder Redebeitrag auf den Redebeitrag des Vorgängers beziehen.

- Abschließend erfolgt eine gemeinsame Zusammenfassung der Ergebnisse wie auch der Methode.

Tipps:

- Die Methode eignet sich besonders für die Fächer Politik, Ethik / Werte und Normen sowie Sprachen.
- Der Lehrer sollte vor Beginn der Debatte darauf Acht geben, dass die Schüler sich gegenseitig ausreden lassen sollen.
- Der Lehrer kann auch einen Schüler als Spielleiter bestimmen, der für die Beachtung der Regeln beauftragt wird.

5. ANGEL AND DEMON

Definition:

Bei der Methode „Angel and Demon“ tauschen die Schüler ihre Argumente untereinander aus und kommen anschließend zu einer gemeinsamen Entscheidungsfindung.

Voraussetzungen:

Lernchancen:

- Eine innere Differenzierung ist möglich.
- Die Methode fördert die Sozial- und Methodenkompetenz der Schüler.
- Die Schüler werden in ihrer Kommunikations- wie auch Diskussionsfähigkeit geschult.
- Die Fachkompetenz wird weiterentwickelt.
- Die Methode fördert sowohl die Teamfähigkeit als auch das aktive und achtsame Zuhören.

Durchführung:

- Der Lehrer teilt die Schüler in Dreiergruppen ein und nennt das Thema bzw. die zu diskutierende Frage.
- Ein Schüler schlüpft in die Rolle des „Angels“, ein anderer in die Rolle des „Demons“ und ein Schüler fungiert als „Balance“. Der Schüler „Angel“ stimmt allem zu, wohingegen der Schüler „Demon“ alles vehement ablehnt. Der Schüler in der Rolle „Balance“ übernimmt die Aufgabe zu entscheiden, welche Argumente mit Blick auf die Aufgabenstellung am besten geeignet sind.
- Nachdem „Angel“ und „Demon“ mit Argumenten diskutiert haben, referieren die „Balancer“ die Ergebnisse im Plenum.

Tipps:

- Falls das Gespräch ins Stocken geraten sollte, dann kann der Lehrer Hilfsmittel als Impuls einreichen, z. B. in Form von Impulsfragen, visuellen Darstellungsmitteln (wie Bilder) oder Aussagen.

6. ARGUMENTE-PUZZLE

Definition:

Die Methode „Argumente-Puzzle“ eignet sich für Aufgaben, die sich in gleichwertige Teilaufträge aufteilen lassen. Die Methode besteht aus der Phase der Experten und dem darauffolgenden Austausch.

Voraussetzungen:

45-90 MIN

3-5 PERSONEN

UNTERRICHTS-MATERIALIEN

Lernchancen:

- Die Methode fördert die Methoden-, Sozial- wie auch die Fachkompetenz der Schüler.
- Sie aktiviert das Vorwissen der Schüler.
- Sie stärkt die Schüler in ihrer Kreativität.

Durchführung:

- Der Lehrer teilt die Aufgaben in gleichwertige Teile ein und weist die Schüler entsprechend der Anzahl der Teilaufgaben in Gruppen ein, z. B. fünf Teilaufgaben, also fünf Stammgruppen.
- Anschließend bearbeiten die Mitglieder einer Stammgruppe die gleichen Aufgaben. Hierbei ist zu beachten, dass die unterschiedlichen Stammgruppen unterschiedliche Aufgaben erhalten haben.
- Nach einer angemessenen Bearbeitungszeit tauschen sich die Schüler der Stammgruppe untereinander aus. Sie klären Unklarheiten auf und fassen die Ergebnisse zusammen, um in Anschluss eine Präsentation vorzubereiten.
- Im nächsten Schritt treffen sich die Mitglieder aller Stammgruppen in Expertengruppen zusammen, um sich untereinander auszutauschen.

- Abschließend kehren die Experten zu ihren Stammgruppen zurück, um über ihre Erfahrungen aus den Experten-Gruppen zu berichten.

Tipps:

- Leistungsschwache Schüler können mit Hilfsmitteln unterstützt werden.

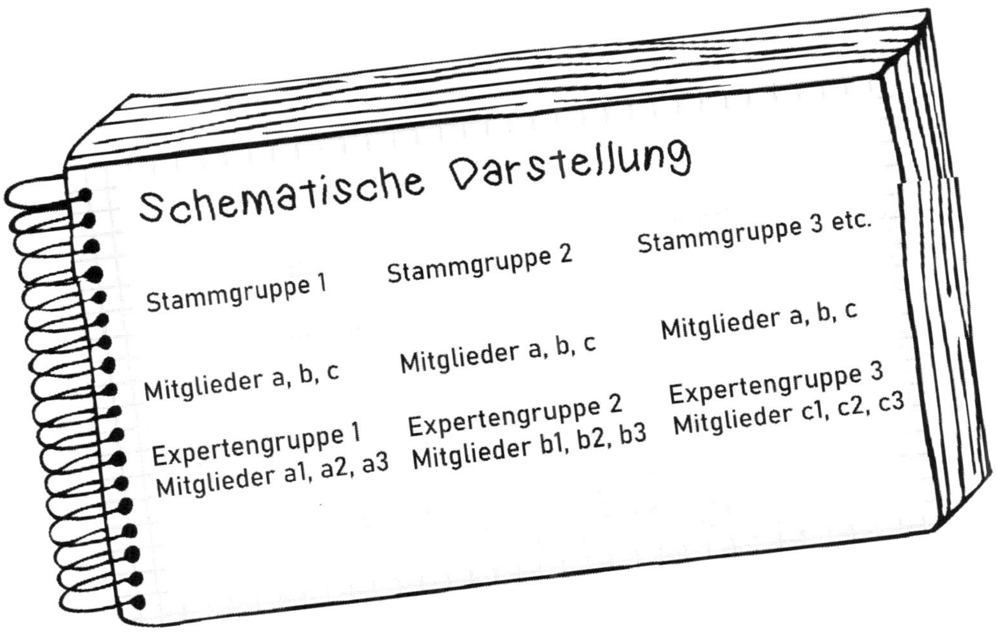

7. ARGUMENTATIONSSTAFETTE

Definition:

Die Argumentationsstafette bietet den Schülern die Möglichkeit, zu einem kontroversen Thema Meinungen aus verschiedenen Perspektiven darzustellen.

Voraussetzungen:

Lernchancen:

- Die Methode ermöglicht jedem Schüler die Chance zur Meinungsäußerung.
- Es erfolgt eine Meinungsäußerung auf spielerische Art.
- Die innere Differenzierung kann zu einem hohen Grad umgesetzt werden.

Durchführung:

- Der Lehrer verschriftlicht das Thema an der Tafel und verteilt den Schülern, nach dem Zufallsprinzip, verschiedene Karten, auf denen unterschiedliche Rollen beschrieben sind.
- Anschließend gewährt der Lehrer den Schüler Vorbereitungszeit.
- Zur Durchführung bilden die Schüler in der Mitte des Raumes einen Stuhlkreis. Der Lehrer wählt einen Schüler aus, welcher begründet seine Meinung äußert. Wer darauf etwas beizutragen oder zu erwidern hat, meldet sich, damit der erste Schüler ihm das Wort geben kann.
- Die Argumentationsstafette endet erst dann, wenn alle Schüler drangekommen sind.

Tipps:

- Vor Beginn der Durchführung sollten wesentliche Kommunikationsregeln besprochen werden.
- Leistungsschwache Schüler können mit Hilfsmaterialien unterstützt werden.

8. ATOM-MOLEKÜLE DISKUSSION

Definition:

Die Methode „Atom-Moleküle Diskussion" eignet sich zum Austausch der Schüler untereinander. Die Schüler diskutieren miteinander in immer größer werdenden Gruppen zu einem vorgegebenen Thema bzw. zu einer vorgegebenen Fragestellung.

Voraussetzungen:

Lernchancen:

- Die Methode fördert die Kreativität der Schüler.
- Sie steigert die Sozial- und Methodenkompetenz wie auch die die Diskussionsfähigkeit aller Schüler.
- Die Schüler werden in ihrer Kommunikationsfähigkeit gestärkt.

Durchführung:

- Der Lehrer teilt den Schülern die Fragestellung bzw. das Thema mit und teilt jedem Schüler einen Partner zu.
- Die Schülerpaare setzen sich zusammen und diskutieren miteinander über das Thema.
- Nach ca. fünf Minuten gibt der Lehrer den Schülern ein Signal, sich mit einem weiteren Schülerpaar zusammenzusetzen.

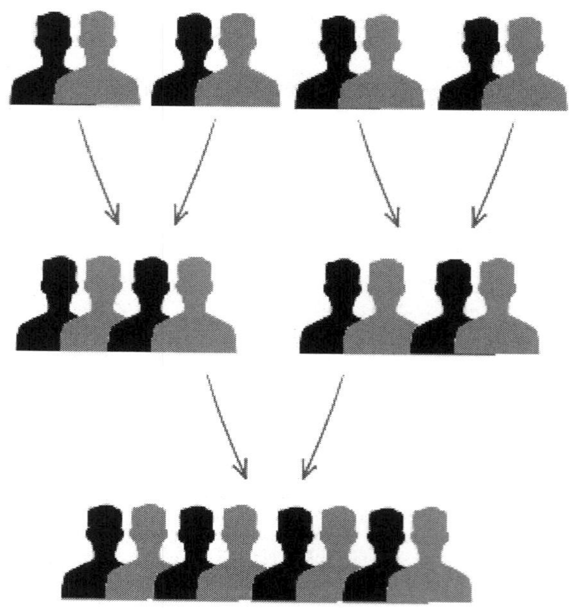

- Die Vierergruppe tauscht sich erneut über das Thema aus. Nach ca. fünf Minuten gibt der Lehrer ein weiteres Signal und die Vierergruppe sucht sich eine andere Vierergruppe.

- Die Achtergruppe setzt sich zusammen und diskutiert erneut ca. zehn Minuten lang über das Thema.

- Im nächsten Schritt erhält die Achtergruppe den Auftrag, die wichtigsten Diskussionsergebnisse mit wenigen Sätzen zusammenzufassen. Hierfür erteilt der Lehrer den Achtergruppen ca. fünf Minuten Bearbeitungszeit.

- Abschließend einigen sich die Achtergruppen auf einen Mitschüler, der die Gruppenergebnisse dem Plenum präsentiert.

Tipps:

- Falls das Gespräch ins Stocken geraten sollte, dann kann der Lehrer Hilfsmittel als Impulse einreichen, z. B. weiterführende Fragen, anregende Aussagen oder auch visuelle Darstellungsformen wie provokative Bilder und weitere.

9. BEGRIFFSKREIS

Definition:

Die Methode „Begriffskreis“ hat das Ziel, durch das Aktivieren von Vorwissen die Schüler zu einer Auseinandersetzung mit den Texten zu bringen. Unklarheiten bezüglich des Textes visualisieren die Schüler mittels Papierstreifen.

Voraussetzungen:

Lernchancen:

- Diese Methode aktiviert das Vorwissen der Schüler.
- Sie fördert die Methoden- und Sozialkompetenz.
- Sie erweitert das Fachwissen und das Fachvokabular der Schüler.
- Sie schult die Schüler in ihren kommunikativen Fähigkeiten.

Durchführung:

- Der Lehrer verteilt den Schülern einen gemeinsamen Text und erteilt den Auftrag, wichtige sowie unbekannte Begriffe auf einem Papierstreifen zu verschriftlichen. Dabei erhalten die Schüler den Hinweis, dass jeder Schüler zwei bis drei Begriffe aufschreiben soll.
- Im nächsten Schritt fordert der Lehrer die Schüler dazu auf, aufzustehen und einen Kreis zu bilden. Jeder Schüler legt die von ihm beschrifteten Papierstreifen vor sich hin. Der Lehrer fordert einen beliebigen Schüler dazu auf, zu erklären, weshalb der von ihm notierte Begriff für den Text wichtig ist.
- Bei unbekannten Wörtern stellen die Schüler zuerst Vermutungen an und erhalten anschließend Feedback von der Klasse.
- Dieser Vorgang wird solange durchgeführt, bis alle Schüler nacheinander drankommen.

- Im nächsten Schritt werden die Papierstreifen auf einem Flipchart-Bogen mit dem Titel des Textes in der Mitte zu einer Mind-Map angeordnet. Die Schüler besprechen gemeinsam die verschiedenen Anordnungsmöglichkeiten der Papierstreifen.
- Nachdem alle mit der möglichen Anordnung einverstanden sind, werden die Papiersteifen auf die Mind-Map geklebt.

Tipps:

- Der Kreis kann im Sitzen oder im Stehen durchgeführt werden.
- Die Methode eignet sich besonders für Sprachen und für die Analyse von Sachtexten.
- Der Lehrer sollte die Schüler darauf aufmerksam machen, dass einzelne Begriffe mehrfach genannten werden dürfen.

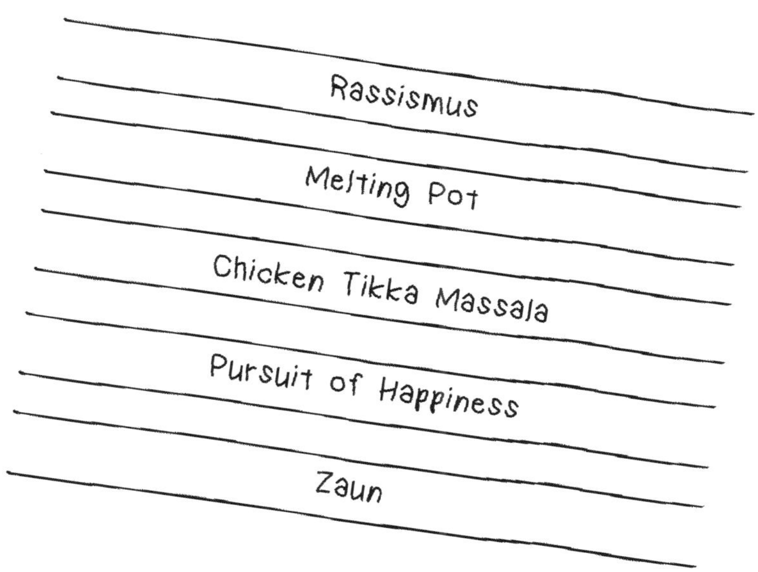

10. BRAINSTORMING

Definition:

Die Methode „Brainstorming“ fördert die kreative Ideenentwicklung der Schüler. Im Vordergrund steht hierbei die Aktivierung von Vorwissen und die Entwicklung von Problemlösungen.

Voraussetzungen:

Lernchancen:

- Die Aktivierung von Vorwissen wird mittels dieser Methode gefördert.
- Sie fördert den Prozess der gemeinsamen Lösungsfindung.
- Die Empathiefähigkeit und Kreativität werden geschult.
- Die Sozial- und Methodenkompetenz werden erweitert.
- In kurzer Zeit können viele Ideen gesammelt werden.
- Schüler tragen Verantwortung für ihre Gruppenergebnisse.

Durchführung:

- Der Lehrer teilt die Schüler in Gruppen ein. Zudem stellt er die Regeln der Kreativtechnik dar, z. B.: Es gibt keine falschen Ideen; jede Idee ist erwünscht oder Quantität geht vor Qualität, denn die Methode lebt von der Weiterentwicklung der Assoziationen.
- Anschließend bietet der Lehrer den Schülern einen Impuls oder visualisiert eine Frage. Vor Beginn der Durchführung bestimmt jede Gruppe einen Protokollanten.
- Die Schüler beginnen ihre Ideen bzw. Assoziationen zum Thema ohne eine feste Reihenfolge zu äußern. Währenddessen protokolliert der Protokollant die Aussagen der Gruppenmitglieder stichpunktartig. Hierzu verwendet der Protokollant ein Plakat oder einen Flipchart-Bogen.

- Anschließend fasst die Gruppe den momentanen Wissensstand zusammen und zieht daraus Rückschlüsse für weitere Arbeitsschritte.

Tipps:

- Der Lehrer sollte die Schüler vor Beginn darauf hinweisen, dass die Aussagen der Schüler so notiert werden, wie diese sie formuliert haben.

11. BUZZ-GROUP

Definition:

Die Methode „Buzz-Group“ wird auch als Murmelgruppe bezeichnet (in Anlehnung an das Summen = engl.: „(to) buzz“). Sie eignet sich besonders, um Lernerfolgskontrollen oder Zwischenresümees mittels mobiler Abstimmgeräte zu erfassen. Mittels der Buzz-Group-Methode interagieren die Schüler aktiv mit ihren Klassenkameraden.

Lernchancen:

- Die Schüler erweitern ihre Fähigkeiten, das Gelernte zu transferieren.
- Die Methode fördert das Aktivieren von Vorwissen sowie die Fach- als auch Sozialkompetenz der Schüler.
- Sie aktiviert auch stille sowie schüchterne Schüler.

Voraussetzungen:

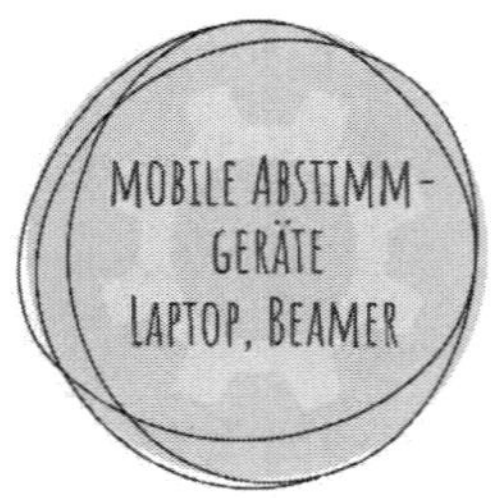

Durchführung:

- Der Lehrer teilt die Schüler in Gruppen ein und stellt den Schülern verschiedene Quizfragen zu den vorher erarbeiteten Inhalten.
- Innerhalb eines vorgegebenen Zeitfensters erarbeiten die Gruppen gemeinsam die Quizfragen begründet aus.
- Anschließend bestimmen die Gruppenmitglieder einen Gruppenstellvertreter, der die Gruppenergebnisse im Plenum vertreten wird.

- Daraufhin führt der Lehrer die Ergebnisabfrage mittels mobiler Abstimmgeräte durch. Hierbei sollten die Ergebnisse sofort eingeblendet werden. Bei eventuellen Unklarheiten oder hoher Anzahl an Falschantworten erfolgt eine Plenumsdiskussion.

Tipps:

- Der Lehrer sollte vor Beginn mitteilen, dass jeweilige Begründungen eingefordert werden, um ein echtes Verständnis der Inhalte zu überprüfen.

12. CHECK-IN DUOS

Definition:

Diese Methode unterstützt die Schüler bei der Ergebniskontrolle, der eine eigenständig erarbeitete Aufgabenstellung vorausgesetzt ist.

Lernchancen:

- Die Methode fördert die Fach- sowie Sozialkompetenz der Schüler.
- Sie schult die kommunikative Fähigkeit der Schüler.

Voraussetzungen:

Durchführung:

- Die Schüler werden dazu aufgefordert Aufgabenstellungen eigenständig zu erarbeiten. Nach einer angemessenen Bearbeitungszeit fordert der Lehrer die Schüler dazu auf, ihre Ergebnisse mit einem anderen Schüler zu vergleichen. Bei unterschiedlichen Ergebnissen einigen sich die Schüler auf eine gemeinsame Lösung.
- Anschließend suchen sich die Schüler einen anderen Mitschüler aus.
- Erneut besprechen die Schüler ihre Ergebnisse und einigen sich bei Unklarheiten auf eine gemeinsame Lösung.
- Abschließend erfolgt die Besprechung der Aufgaben im Plenum.

Tipps:

- Der Lehrer sollte den Schülern ausreichend Zeit gewähren.

- Vor Beginn der Durchführung sollte der Lehrer die Schüler darauf aufmerksam machen, in einer angemessenen Lautstärke miteinander zu kommunizieren.

13. DAS DREI-SCHRITT-INTERVIEW

Definition:

Das Drei-Schritt-Interview stellt eine erweiterte Version des Partnerinterviews auf insgesamt drei Schüler dar. Im Wechsel führen die Schüler die Rolle des Interviewers, Interviewten und des Beobachters durch. Während der Durchführung übernehmen alle Gruppenmitglieder, nach einer vorher abgestimmten Reihenfolge, alle drei Funktionen.

Lernchancen:

- Die Schüler lernen, sich eigenverantwortlich zu organisieren.
- Die Methode fördert die Aktivierung von Vorwissen.
- Sie bietet Schülern einen geschützten Raum für Diskussionen und Meinungsaustausch.

Voraussetzungen:

Durchführung:

- Das Drei-Schritt-Interview ist genau wie das Partnerinterview aufgebaut. Der interviewende Schüler befragt den interviewten Schüler, während der Beobachter aufmerksam Protokoll führt. Hier übernimmt der Beobachter die Rolle des Zuhörers und verschriftlicht Notizen zu den wichtigsten Aussagen.
- Bei jeder Durchführung übernimmt jeder Schüler eine andere Funktion, bis alle Schüler einmal in der Rolle des Interviewers, des Interviewten und des Beobachters waren.
- Abgeschlossen wird diese Methode mit einer Ergebnispräsentation vor der Gruppe bzw. vor der gesamten Klasse.

Tipps:

- Die Rollen sollten vor Beginn der Durchführung klar definiert sein.
- Die Schüler sollten nach der Durchführung des Interviews ihr Verhalten reflektieren.

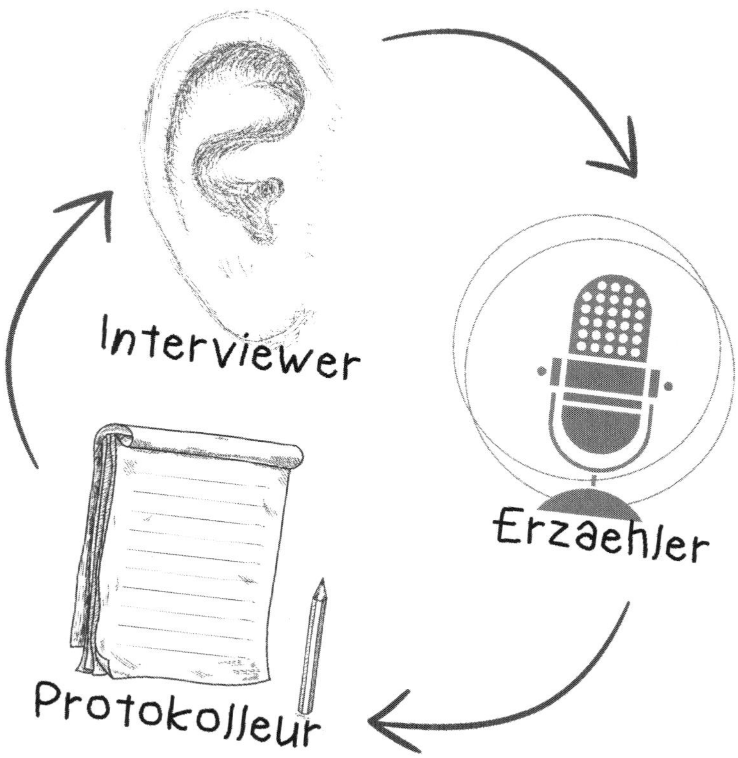

14. DISKUSSION

Definition:

Die Diskussion stellt ein kontrovers geführtes Gespräch dar. Wesentliches Merkmal der Diskussion ist der kämpferische Charakter, da es sich durch Argument und Gegenargument entwickelt.

Voraussetzungen:

Lernchancen:

- Die Diskussion fördert die Akzeptanz und Toleranz von verschiedenen Meinungen.
- Die Schüler erfahren in kurzer Zeit verschiedene Sichtweisen und Auffassungen.
- Die Sozial-, Sach- wie auch Urteilskompetenz wird gefördert und gefordert.
- Die Schüler erlernen, eigene Meinungen zu entwickeln und sich zu sachlich sowie respektvoll zu äußern.

Durchführung:

- Zu Beginn der Diskussion stellt der Lehrer die Spielregeln vor. Er stellt seine Rolle als Moderator dar und erklärt den Schülern die Verhaltensregeln.
- Anschließend visualisiert er die Diskussionsfrage und bietet hierzu einige Erläuterungen an. Er gewährt den Schülern Zeit zum Nachdenken und wartet, bis sich mehrere Schüler melden.
- Daraufhin verfährt er nach der von ihm geleiteten Rednerliste. Bei Bedarf bietet der Lehrer einen Diskussionsimpuls oder lenkt die Diskussion erneut zur ursprünglichen Diskussionsfrage um. Schüchterne und stille Schüler werden von der Lehrkraft zur Beteiligung motiviert. Hierfür könnte er beispielsweise äußern, dass ihre Meinung von bedeutendem Interesse für das Gesamtbild ist.
- Die Diskussion endet mit einer gemeinsamen Zusammenfassung.

Tipps:

- Die Methode ist besonders gut geeignet zur Meinungsbildung zu Beginn oder zum Ende des Unterrichts.
- Eine gute Diskussionsfrage sollte eine gewisse Komplexität mit sich bringen und kontrovers sein.
- Es sollten Verhaltensregeln vereinbart werden, wie z. B. das sachliche Argumentieren und der respektvolle Umgang mit Meinungen, die mit der eigenen nicht übereinstimmt.

15. ERZÄHLKETTE

Definition:

Bei der Methode „Erzählkette“ suchen sich die Schüler eine Abbildung aus. Unter Einbindung der Abbildung erzählen sich die Schüler eine Geschichte. Anschließend wird die Geschichte von einem anderen Schüler fortgesetzt.

Voraussetzungen:

Lernchancen:

- Diese Methode fördert die Kreativität der Schüler.
- Sie schult das aktive und achtsame Zuhören.
- Die Kommunikationsfähigkeit der Schüler wird gestärkt.
- Sie fördert die Sozial- und Methodenkompetenz der Schüler.

Durchführung:

- Der Lehrer bietet den Schüler eine Vielzahl von verschiedenen Materialien, wie z. B. Bilder oder Zeichnungen, an.
- Jeder Schüler sucht sich ein Bild heraus, welches ihn am meisten beeindruckt hat.
- Nach einer angemessenen Bedenkzeit beginnt ein Schüler, zu seinem ausgewählten Bild eine Geschichte zu erzählen.
- Anschließend wird die Geschichte von einem anderen Schüler fortgeführt. Hierbei ist es wichtig, dass der neue Erzähler sein Bild in die Geschichte miteinbezieht.
- Folglich entsteht eine Erzählung mit verschiedenen Höhepunkten, Protagonisten, Orten und weiteren Merkmalen.

Tipps:

- Der Lehrer sollte den Schülern die Möglichkeit zu freier Äußerung bieten und kein thematisches Ziel vorgeben.
- Der Lehrer sollte darauf Acht geben, neben einer Vielzahl von Bildern mit Protagonisten auch eine Vielzahl von Landschaftsmotiven anzubieten.
- Der Lehrer kann den Schülern eine maximale Erzähldauer vorgeben, z. B. eine Minute pro Schüler.
- Diese Methode kann auch in Form von Schülerpaaren erfolgen, wodurch eine zusätzliche Weiterentwicklung der Kommunikations-, Sozial- und Diskussionskompetenzen angeregt wird.

Eine Frau hat nach jahrelanger Pein endlich ihre Koffer gepackt.
Nachdem sie lange Zeit von ihrem Partner verletzt wurde, hat sie es geschafft.
Sie ist auf dem Weg in ihr neuen Leben – Sonne, Strand, Aegypten. Das ist ihr Ziel.

16. EULEN DER WEISHEIT

Definition:

Bei der Methode „Eulen der Weisheit" nehmen die Schüler verschiedene Perspektiven ein. Die Methode ermöglicht die Beleuchtung eines Textes aus verschiedenen Sichtweisen, indem der Text anhand bestimmter Aspekte analysiert wird.

Voraussetzungen:

Lernchancen:

- Die Eulen der Weisheit fördern das kritische Analysieren sowie die Methodenkompetenz.
- Sie vertieft darüber hinaus die Sozialkompetenz.
- Alle Schüler werden aktiviert.

Durchführung:

- Der Lehrer teil die Schüler in Gruppen ein und weist jeder Gruppe einen Text aus.
- Jede Gruppe erhält individuelle Aufgabenstellungen zum Text. Der Lehrer gibt den Schülern eine feste Zeitvorgabe. Die Schüler verschriftlichen ihre Gruppenergebnisse, um sie anschließend zu präsentieren. Die Gruppe bestimmt einen Schüler, der die Gruppenergebnisse dem Plenum präsentiert.
- Anschließend werden Fragen beantwortet und weitere Arbeitsschritte vereinbart.

Tipps:

- Der Lehrer sollte darauf Acht geben, dass der zu erarbeitende Text nicht zu lang und zu komplex ist.

17. EXPERIMENT

Definition:

Experimenteller Unterricht wird auch als Versuch oder als Probe definiert. Es werden Phänomene in einer künstlichen Versuchsanordnung nachgebildet, so dass ihr Ablauf deutlich zu beobachten ist.

Voraussetzungen:

45-90 MIN

2-4 PERSONEN

UNTERRICHTS MATERIAL, REALIEN TAFEL

Lernchancen:

- Lernende schlüpfen in die Rolle des Forschers und fördern ihr Lernen mit allen Sinnen (Herz, Kopf, Hand [in Anlehnung an Pestalozzi]).
- Die Methode fördert die Handlungskompetenz der Schüler.
- Sie vertieft das kreative Denken und die Beobachtungsfähigkeit der Schüler.
- Das Verantwortungsbewusstsein sowie die mündliche und schriftliche Ausdrucksweise werden gefördert.
- Sie bietet Möglichkeiten zur inneren Differenzierung

Durchführung:

- Der Lehrer teilt die Klasse in mehrere Gruppen ein. Anschließend wird allen Schülern ausreichend Zeit gewährt, die Problemstellung zur Kenntnis zu nehmen. Zur Hypothesenbildung bezieht der Lehrer die Schüler mit in den Prozess ein. Dies kann mittels der Methode „Think-Pair-Share" durchgeführt werden.
- Der Lehrer verschriftlicht relevante Hypothesen an der Tafel und teilt den Schülern notwendige Vorgaben mit. Die Schüler dürfen mit ihrem Versuchsaufbau erst dann beginnen, wenn die Arbeitsanweisungen und die Form der Ergebnispräsentation allen Schülern klar geworden sind.
- Der experimentelle Unterricht wird mit einer Feedbackrunde abgeschlossen.

Tipps:

- Schüler sollten ausreichend Zeit gewährt bekommen.
- Idealerweise sollte der Lehrer die Schüler in den Prozess der Hypothesenbildung einbeziehen.
- Während der Gruppenarbeit sollte der Lehrer darauf Acht geben, dass alle Gruppenmitglieder eine aktive Rolle einnehmen.

18. FEEDBACK-BRIEFE

Definition:

Die Methode „Feedback-Briefe“ stellt eine weitere konstruktive Feedback-Methode dar. Die Schüler werden dazu aufgefordert ihren Gruppenmitgliedern schriftlich Feedback zu geben.

Voraussetzungen:

20-30 MIN

6 PERSONEN

MODERATIONS-KARTEN, STIFTE

Lernchancen:

- Diese Methode fördert die Kritikfähigkeit der Schüler.
- Sie unterstützt sie in ihrer die Sozial- und Methodenkompetenz.
- Sie schult die Reflexionskompetenz der Schüler

Durchführung:

- Zum Abschluss einer vorausgegangenen Gruppenarbeit schreiben die jeweiligen Gruppenmitglieder ihre Namen auf eine Moderationskarte.
- Anschließend wird die Moderationskarte verdeckt auf dem Boden verteilt. Nach der Reihe zieht jedes Gruppenmitglied eine Karte. Die Namen auf den gezogenen Moderationskarten werden nicht mitgeteilt.
- Der Lehrer erteilt den Schülern den Auftrag, auf der Rückseite der Moderationskarten folgendes Feedback zu notieren: „Was hat mir an dieser Person besonders gut gefallen und was könnte diese Person an sich noch ändern bzw. optimieren?“
- Im nächsten Schritt werden die Karten mit dem Namen nach oben zeigend erneut auf dem Boden verteilt. Jedes Gruppemitglied zieht seine eigene Karte und liest das für ihn bestimmte Feedback.

- Abschließend kommentiert jeder Teilnehmer, ob er das ihm gegebene Feedback annimmt oder nicht.

Tipps:

- Der Lehrer sollte die Schüler darauf aufmerksam machen, dass die für sie persönlich geschriebenen Feedbacks freiwillig vorgelesen werden können.

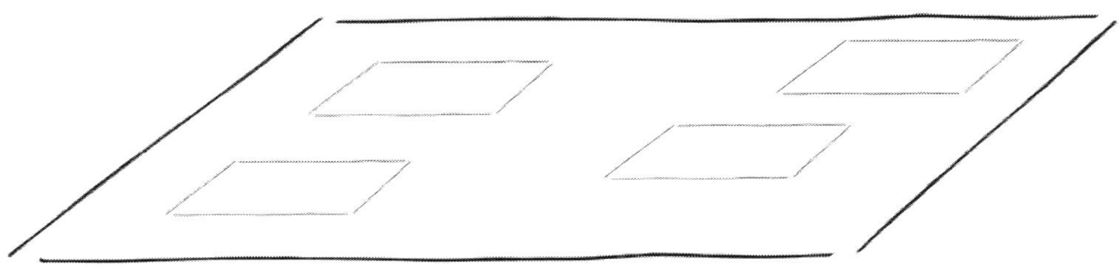

19. FIKTIVES INTERVIEW

Definition:

Bei dieser Methode befragt ein Schüler, als Interviewer, einen anderen Schüler, der in der Rolle eines Experten ist, zu seiner Meinung bzw. Sichtweise bezüglich eines vorgegebenen Sachverhalts. Dabei agieren die Schüler entsprechend ihrer Rollen.

Voraussetzungen:

Lernchancen:

- Die Methode fördert die Kreativität.
- Sie stellt die spielerische Art des Lernens in den Vordergrund.
- Sie fördert die Methoden- und Sozialkompetenz.
- Der Perspektivwechsel wie auch die Rollenübernahme werden geschult.

Durchführung:

- Der Lehrer teilt jedem Schüler einen Partner zu und hält Textausschnitte bereit. Je ein Schülerpaar bekommt einen Textausschnitt, woraufhin beide Schüler den Text lesen.
- Anschließend versetzen sich die Schüler in ihren jeweiligen Rollen. Während sich der Schüler in der Rolle des Interviewers verschiedene Fragen ausdenkt, hat der Schüler, der die Rolle des Experten einnimmt, die Fragen zu beantworten.
- Das fiktive Interview wird anschließend exemplarisch oder, je nach Klassengröße, von allen Schülern vor dem Plenum durchgespielt.

Tipps:

- Für die Durchführung des Interviews empfiehlt es sich W-Fragen sowie Verständnisfragen zu stellen. Daher eignet sich eine vorangeschaltete Phase des Sammelns solcher passenden Interviewfragen.

20. FILMANALYSE (INFORMATIONSFILME)

Definition:

Ein Informationsfilm stellt einen Lehrfilm dar, welcher speziell für den Schulunterricht erstellt wurde. Fernsehbeiträge, Dokumentationen und Internetproduktionen werden zu den Informationsfilmen gezählt. Der Inhalt der Informationsfilme stellt den Gegenstand des Unterrichts dar.

Lernchancen:

- Die Methode bietet den Schülern im Vergleich zu Sachtexten eine höhere Anschaulichkeit und Attraktivität an.

Voraussetzungen:

Durchführung:

- Der Lehrer weist jedem Schüler einen Partner zu.
- Anschließend verteilt der Lehrer jedem Schüler ein Filmprotokoll und bespricht die Inhalte des Filmprotokolls mit den Schülern. Ein Filmprotokoll kann folgende Fragen beinhalten: „Wie verläuft der Film? Was hat Person X dazu bewegt, Y durchzuführen? Welche Stellen fandest du besonders interessant? ...“
- Nachdem etwaige Unklarheiten geklärt wurden, wird der Informationsfilm gezeigt.

- Daraufhin wird der Informationsfilm mittels der Methode „Partnerbriefing" rekapituliert: Der S1 beginnt damit, den Inhalt sowie auffällige Szenen aus dem Film zu berichten. S2 hört währenddessen nur zu. Im Anschluss fügt S2 seine Ergänzungen hinzu und teilt mit, welche Besonderheiten ihm noch aufgefallen sind.

Tipps:

- Es kommt nicht sehr selten vor, dass die gleichen Inhalte von den Partnern unterschiedlich gedeutet und wahrgenommen werden. Hier empfiehlt sich eine zweite Sichtung des Informationsfilms bzw. einzelner Sequenzen, falls der Film zu lang ist.

Filmanalysebogen

Film: American History X

- Wie verläuft der Film?
- Wie ist die Beziehung zwischen Person X und Person Y entstanden?
- In welchen Charakter kannst du dich gut, in welchen eher schlecht hineinversetzen?

21. FILMANALYSE (SPIELFILME)

Definition:

Die Filmanalyse untersucht in Gruppen Gestaltungselemente eines bestimmten Films. Zur Untersuchung wird ein Film in Einzelbestandteile zerlegt. Anschließend werden die Teilergebnisse der einzelnen Gruppen zu einem Gesamtergebnis zusammengefügt. Inhalt des Unterrichts ist dabei das Medium Film.

Lernchancen:

- Die Filmanalyse fördert die Wahrnehmungs-, Medien- wie auch Analysekompetenz der Schüler.
- Das Medium Film löst meist Begeisterung und Interesse der Schüler aus (Grundmotivation ist in der Regel hoch).

Voraussetzungen:

Durchführung:

- Für die Durchführung der Filmanalyse teilt der Lehrer die Schüler in mehrere kleine Gruppen ein. Jede Gruppe erhält einen genauen Arbeitsauftrag und einen bestimmten Analysebogen.
- Der Analysebogen beschäftigt sich mit der Frage, welche filmischen Mittel eingesetzt wurden. Filmische Mittel könnten z. B. Bildgestaltung, Tongestaltung, Szenenabfolge und Handlungsträger sein. Der Lehrer bespricht gemeinsam mit den Schülern den Analysebogen.
- Vor Beginn der Durchführung sollten die Schüler die notwendigen Techniken zur Filmanalyse beherrschen. Des Weiteren sollte in der Planungsphase auch auf die Frage eingegangen werden, warum Filmanalysen durchgeführt werden.

- Anschließend beginnt die Sichtung einer ausgewählten Filmsequenz. Es wird empfohlen, Filmsequenzen von drei bis sechs Minuten zwei Mal zu zeigen. Nach jeder Sichtung gewährt der Lehrer den Schülern Zeit, den Analysebogen auszufüllen.
- Anschließend bilden die Schüler neue Gruppen (genau wie beim Gruppenmix-Verfahren), und stellen ihre Ergebnisse einander vor.
- Zum Schluss folgt ein Auswertungsgespräch im Plenum. Um eventuelle Fragen zu klären, kann eine dritte Sichtung erfolgen.

Tipps:

- Die Durchführung eignet sich insbesondere in den Fächern Politik, Kunst, Geschichte und (Fremd-) Sprachen.

FILMANALYSEBOGEN

Film: Lola rennt

- Welche filmischen Mittel hat der Regisseur benutzt, um die Situation xy zu dramatisieren?
- Welche Kameraeinstellung hat ein besonderes Gefühl in dir ausgelöst?

22. FILMPROTOKOLLE

Definition:

Die Methode „Filmprotokolle“ dient zur Analyse von Filmen. Es stellte eine Grundlage für Gespräche dar. Die Schüler festigen ihre Fachbegriffe während des Protokollierens.

Voraussetzungen:

Lernchancen:

- Diese Methode fördert die Erweiterung von Fachbegriffen und des entsprechenden Vokabulars.
- Sie schult das Verständnis und das Bewusstsein über die Machart von Filmen.
- Sie stärkt die Sozial- und Methodenkompetenz der Schüler.

Durchführung:

- Der Lehrer teilt die Schüler in Gruppen ein und gibt den Gruppen die zu analysierenden Filmausschnitte bekannt.
- Vor Beginn der Durchführung bespricht der Lehrer die Regeln eines Protokolls.
- In den Gruppen analysieren die Schüler den Filmausschnitt nach den vom Lehrer vorgegeben Kriterien und erstellen das Protokoll.
- Anschließend stellen die Gruppen ihre Ergebnisse im Plenum vor.

Tipps:

- Neben den Regeln eines Protokolls sollte der Lehrer insbesondere auch Regeln für das Ansehen des Filmes einführen, wie z. B. das Kommunikationsverbot während der Film abgespielt wird.

23. FISHBOWL-DISKUSSION

Definition:

Die Fishbowl-Diskussion setzt sich aus einem Innen- und Außenkreis zusammen. Die Schüler im Innenkreis diskutieren miteinander, während der Außenkreis beobachtet und nach Beendigung der Diskussion Rückmeldungen über das Diskussionsverhalten gibt.

Voraussetzungen:

Lernchancen:

- Fishbowl-Diskussion fördert die Sozial- und Urteilskompetenz der Schüler.
- Die Schüler schulen ihr Beobachtungsvermögen und erlernen wie sachlich und überzeugend diskutiert werden kann
- Die Schüler erweitern die Fähigkeit, ihrem Gesprächspartner konzentriert zuzuhören.
- Die Schüler werden dazu angeregt, konstruktiv Feedback zu geben.

Durchführung:

- Die Schüler bilden eine Diskussionsgruppe und setzten sich um einen Tisch herum. Der Tisch sollte so positioniert sein, dass die Beobachtergruppe die Diskussionsgruppe gut beobachten kann.

- Zu Beginn der Diskussion sollte ein Schüler zu einem Gesprächsmoderator beauftragt werden. In der Runde sollte ein Stuhl frei bleiben, damit sich ein Mitglied aus der Beobachtergruppe einbringen kann.

- Nachdem sich das Mitglied aus der Beobachtergruppe eingebracht hat, muss er nach Äußerung seiner Meinung (oder nach einer zeitlichen Vorgabe) zur Beobachtergruppe zurückkehren.

- Sobald der Lehrer das zu diskutierende Thema mitteilt, kann die Fishbowl-Diskussion beginnen.

Tipps:

- Beobachtende Schüler sollten auf einem vorbereiteten Beobachtungsbogen ihre Ergebnisse festhalten.
- Fünf bis sieben Schüler bilden eine angemessene Diskussionsgruppe.
- Für die Dauer der Gruppendiskussion sollte eine feste Zeit vereinbart werden.

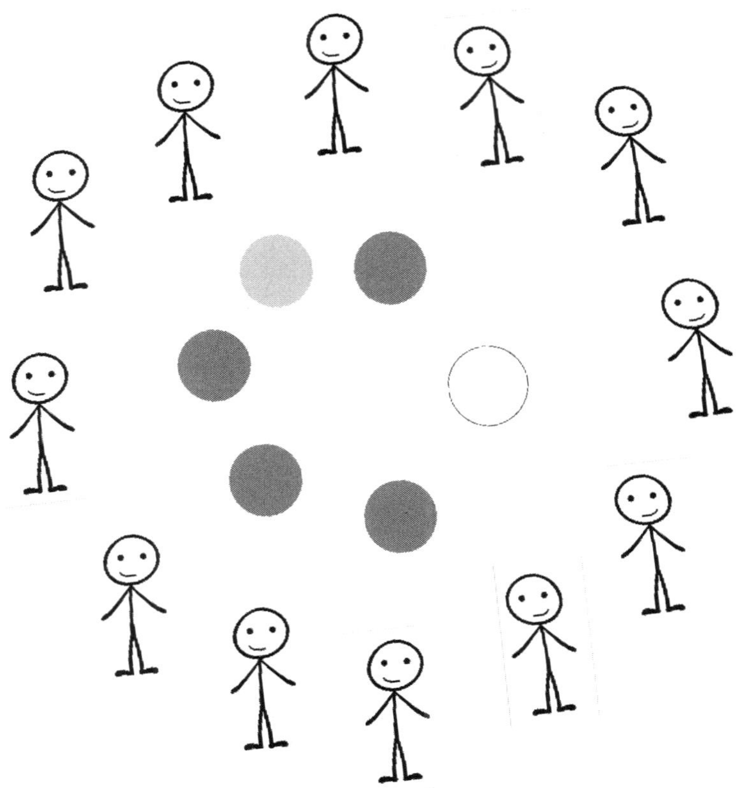

24. GALERIEGANG

Definition:

Der Galeriegang wird auch als Bildergalerie oder Gallery Walk bezeichnet. Beim Galeriegang finden verschiedene Präsentationen parallel statt. Die zuhörenden Schüler wandern von Präsentation zu Präsentation und hören sich hintereinander mehrere Präsentationen an.

Lernchancen:

- Der Teamgeist der Schüler wird gefördert.
- Die Präsentationskompetenz der Schüler wird vertieft.
- Die präsentierenden Schüler präsentieren vor einer kleineren Anzahl an Zuhörern.

Voraussetzungen:

Durchführung:

- In der ersten Phase erarbeiten die Schüler in ihren Gruppen arbeitsteilig die einzelnen Themen auf und halten ihre Ergebnisse auf großen Plakaten fest.
- Nach der Erarbeitungsphase sollten alle Schüler in der Lage sein, ihre Arbeitsergebnisse zu präsentieren. Jedes Gruppenmitglied bekommt einen Buchstaben zugewiesen. Die einzelnen Gruppen hängen wie in einer Bildergalerie ihre Gruppenergebnisse auf.
- Anschließend werden die Gruppen neu gemischt. Schüler mit dem gleichen Buchstaben treffen sich als neue Gruppe vor einer Visualisierung.

- Nach einer Präsentationsrunde begeben sich die Gruppen zum nächsten Plakat. Der Galeriegang erfolgt solange, bis jeder aus der Gruppe einmal präsentiert hat. Während der Präsentationen füllen die Zuhörer stichpunktartig einen Protokollbogen aus.

Tipps:

- Um einem Lautstärkepegel entgegen zu wirken, sollte der Galeriegang in einem Flur stattfinden.

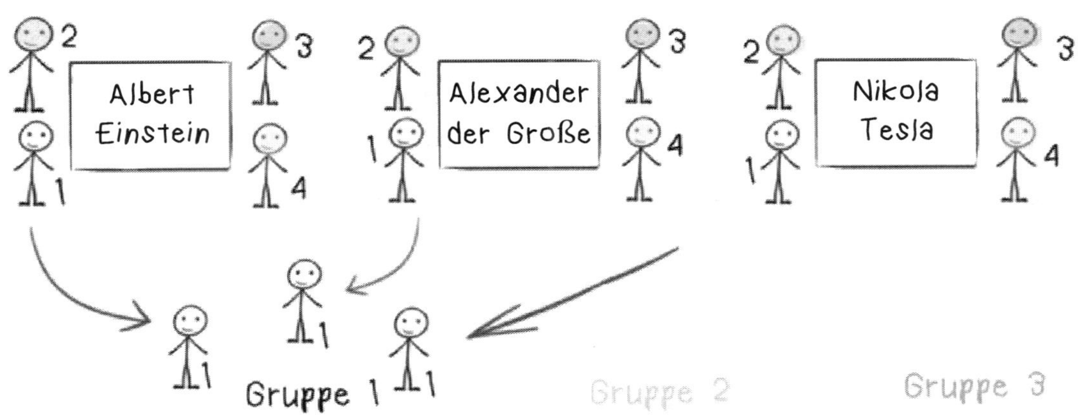

25. GEFÜHLSKREIS

Definition:

Die Methode „Gefühlskreis“ ist eine konstruktive Feedback-Methode, die das eigene und fremde Verhalten reflektiert. Sie ritualisiert das Äußern von Gefühlen, indem Aussagen auf Kärtchen verschriftlicht werden.

Lernchancen:

- Die Methode fördert die Kritikfähigkeit der Schüler.
- Sie schult sie in ihrer Sozial- und Methodenkompetenz.
- Sie stärkt die Reflexionskompetenz.

Voraussetzungen:

Durchführung:

- Der Lehrer fordert die Schüler dazu auf, einen Stuhlkreis zu bilden.
- Anschließend stellt der Lehrer eine Schachtel mit drei verschiedenfarbigen Kärtchen (z. B. grün, gelb, rot) zur Verfügung. Die drei Kärtchen werden jeweils mit einer vom Lehrer festgelegten Formulierung deklariert. Die festgelegten Formulierungen bestehen jedoch nur aus Satzanfängen, z. B.: Grüne Kärtchen = „Ich finde gut, dass du...“; gelbe Kärtchen = „Ich möchte mich dafür entschuldigen, dass ich...“; rote Kärtchen = „Ich finde nicht gut, dass du...“.
- Nachdem die Schüler die Kärtchen ausgefüllt und ausgeteilt haben, erfolgt die Auswertung. Für die Auswertung werden die roten Kärtchen als Minuspunkte, die grünen Kärtchen als Pluspunkte gewertet.

Tipps:

- Die Methode wird vorwiegend in jüngeren Lerngruppen eingesetzt.
- Sie kann als Ritual in Klassen eingesetzt werden.
- Die Arten von Kärtchen können anstelle einer farblichen Differenzierung auch durch Symbole abgegrenzt werden.
- Der Lehrer sollte die Schüler darauf aufmerksam machen, dass auf den Kärtchen keine Verallgemeinerungen, sondern konkrete Verhaltensweisen stehen müssen.
- Der Lehrer teilt den Schüler mit, dass höchstens zwei Kärtchen von jeder Farbe ausgeteilt werden dürfen, wobei darauf zu achten ist, dass kein Schüler zwei Karten der gleichen Farbe erhalten sollte.

26. GIVE ONE, GET ONE

Definition:

Die Methode „Give one, get one" dient zur Gewinnung und Weitergabe von Kerninformationen. Die Schüler untersuchen hierbei Texte nach wesentlichen Inhalten und tauschen diese Information mit anderen Schülern aus.

Voraussetzungen:

Lernchancen:

- Die Methode fördert das aktive und achtsame Zuhören der Schüler.
- Sie schult die Schüler im spielerischen Lernen.
- Sie stärkt die Kommunikationsfähigkeit der Schüler.
- Alle Schüler werden einbezogen.
- Sie fördert die konzentrierte Differenzierungsfähigkeit im Hinblick auf die Kerninformationen eines Textes.
- Die Schüler werden in ihrer Lesekompetenz weiterentwickelt (= globales wie auch detailliertes Lesen).

Durchführung:

- Der Lehrer teilt jedem Schüler einen Thementext mit verschiedenen Schwerpunkten zu.
- Jeder Schüler liest seinen Text in Einzelarbeit durch, um die wichtigsten Kerninformationen zu verschriftlichen.
- Anschließend bestimmen die Schüler individuell, welche Kerninformationen sie weitergeben möchten.
- In der darauffolgenden Phase stehen die Schüler auf und bewegen sich frei durch den Raum. Der Lehrer gibt den Schülern nun ein Zeichen, woraufhin die Schüler stehenbleiben. Jeder Schüler tauscht jetzt mit dem ihm am nächsten stehenden Schüler im Wechsel die Kerninformationen aus.

- Der Lehrer lässt diesen Vorgang mehrmals durchlaufen.

Tipps:

- Der Lehrer kann die Texte nach leistungsschwachen und leistungsstarken Schülern differenziert verteilen.

27. GLÜCKSTOPF

Definition:

Die Schüler beantworten auf eine spielerische Art und Weise Fragen zu einem Thema.

Voraussetzungen:

Lernchancen:

- Der Glückstopf aktiviert das Vorwissen und ermöglicht eine Lernstandserhebung.
- Alle Schüler werden aktiviert.
- Er fördert die Sozial- wie auch Kommunikationskompetenz.

Durchführung:

- Der Lehrer bereitet Zettel entsprechend der Anzahl der Lernenden mit Fragen vor und legt diese gefaltet in einen Behälter, also in einen Glückstopf, hinein. Er mischt nun den Behälter vor den Augen der Schüler.
- Nach dem Zufallsprinzip zieht ein Schüler einen Zettel, liest die Frage laut vor und beantwortet auch die Frage.
- Falls der Schüler die Frage nicht beantworten kann, wird die Frage an die Klasse weitergegeben.
- Der Lehrer führt diese Aktivität solange fort, bis alle Zettel aufgebraucht sind (oder nachdem eine bestimmte Anzahl an Schülern gezogen haben) und korrigiert gemeinsam mit den Schülern etwaige Fehler.

Tipps:

- Der Lehrer sollte die Schüler darauf hinweisen, dass die Antworten kurz beantwortet werden sollen.

28. GRAFFITI STEPS

Definition:

Die Methode „Graffiti Steps“ stellt eine Form des strukturierten Brainstormings innerhalb einer Gruppe dar. Sie eignet sich insbesondere dann, wenn verschieden Facetten zu einer Thematik durchleuchtet werden sollen.

Voraussetzungen:

Lernchancen:

- Die Schüler erweitern ihre Kompetenzen, eine Position zu einem bestimmten Thema zu beziehen.
- Sie erweitern ihre schriftlichen Kompetenzen.
- Jeder Schüler erhält die Möglichkeit sich zu beteiligen.

Durchführung:

- Zur Durchführung werden im Raum mehrere Tischinseln aufgestellt. Auf jedem der Tische befindet sich ein großes Plakat bzw. ein Papierbogen. Auf dem Papierbogen steht ein Aspekt des übergreifenden Themas oder eine Frage.
- Die Schülergruppen schreiben ihre persönlichen, individuellen Gedanken zu der Frage auf den Papierbogen.
- Anschließend wandert jede Gruppe dem Uhrzeigersinn nach zum nächsten Tisch, um dort erneut ihre Gedanken zu verschriftlichen. Dies wird solange durchgeführt, bis jede Gruppe wiederum an ihrem ursprünglichen Gruppentisch ankommt.
- Nun können die Gruppenmitglieder gemeinsam die auf dem Bogen verschriftlichen Äußerungen ordnen, nach Themen clustern und die wichtigsten Äußerungen zusammenfassen.

- Die Methode endet, nachdem einzelne Gruppen ihre Ergebnisse dem Plenum präsentiert haben.

Tipps:

- Schüler sollten dazu angeregt werden, ihre individuellen Ideen zu verschriftlichen, ohne auf die Ideen der Gruppenmitglieder zu achten.

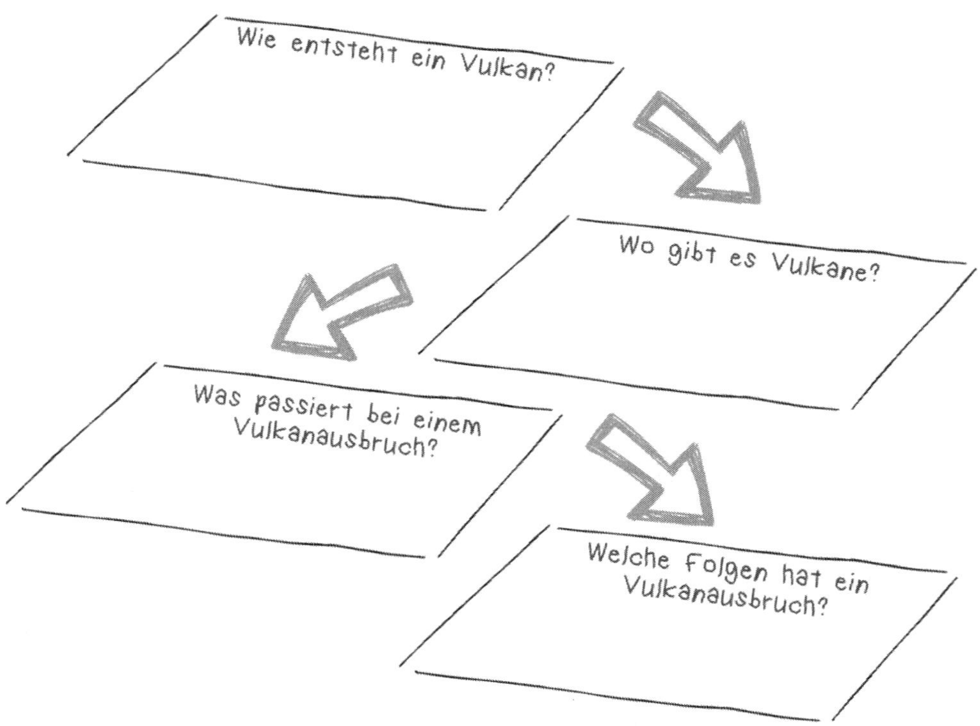

29. GRUPPENARBEIT

Definition:

Gruppenarbeit ist eine Sozialform, in der die Schüler, meist in kleinen Gruppen, gemeinsam an einer Aufgabe arbeiten. Die Gruppenergebnisse werden anschließend der Klasse vorgestellt.

Voraussetzungen:

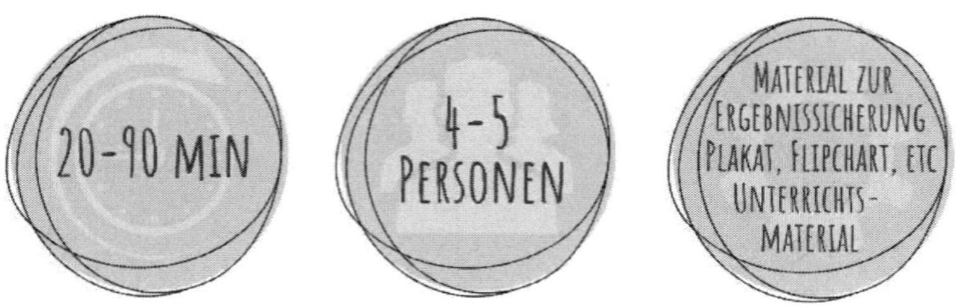

Lernchancen:

- Die Schülermotivation kann erhöht werden.
- Die Kommunikationsfähigkeit wird gesteigert.
- Sie bietet den Schülern einen geschützten Raum zum Austausch.
- Zur Bewältigung der Aufgaben organisieren sich die Schüler untereinander eigenständig.
- Die Durchsetzungs- und Empathiefähigkeit wird gefördert.
- Es erfolgt eine höhere Schülerbeteiligung.
- Die Schüler übernehmen Verantwortung.

Durchführung:

- Zu Beginn der Gruppenarbeit verteilt der Lehrer die Arbeitsmaterialien an alle Gruppenmitglieder. Das Ziel und die Dauer der Gruppenarbeit sollte von Anfang an klar definiert sein.
- Anschließend organisieren sich die Schüler eigenständig innerhalb ihrer Gruppen, um den Arbeitsauftrag zu bearbeiten.
- Das Gruppenergebnis wird anschließend der gesamten Klasse vorgestellt.

Tipps:

- Zur Regelung der Lautstärke sollten vorher Regeln eingeführt werden (z. B. Sprechen nur in Zimmerlautstärke erlaubt).

30. GRUPPENMIX

Definition:

Die kooperative Lernmethode „Gruppenmix“ stellt eine vereinfachte Version des Gruppenpuzzles dar. Diese Methode unterscheidet sich vom Gruppenpuzzle insoweit, dass die Gruppen nur einmal neu gemischt werden.

Voraussetzungen:

Lernchancen:

- Die Methode ist gut geeignet für Wiederholungsübungen oder für die Meinungsbildung.
- Jeder Schüler übernimmt Verantwortung für Gruppenergebnisse.
- Die Schüler schlüpfen teils in die Rolle des Lernenden und des Lehrenden.
- Es erfolgt eine aktive Beteiligung aller Schüler.

Durchführung:

- Die Schüler setzen sich in themengleiche Gruppen zusammen. Das bedeutet, dass die Schüler innerhalb ihrer Gruppen mit den gleichen Materialgrundlagen und Arbeitsaufträgen versorgt werden. Die Gruppen bereiten Präsentationen vor, um diese in der zweiten Gruppenarbeitsphase vorzustellen.
- In der zweiten Gruppenarbeitsphase setzen sich die Schüler so zusammen, dass mindestens ein Schüler aus der ersten Gruppenarbeitsphase in der neuen Gruppenkonstellation vertreten ist, so dass ein Gruppenmix entsteht. Hier übernehmen die Schüler die Verantwortung und berichten über die Gruppenergebnisse aus der ersten Arbeitsphase.
- Anschließend werden die überarbeiteten Ergebnisse der gesamten Klasse vorgestellt.

Tipps:

- Die Methode ist besonders geeignet für Fächer wie Religion, Werte und Normen, Ethik, Politik, und weitere.
- Die ausgewählten Gruppenthemen sollten so angelegt sein, dass Meinungsbildung oder Kontroversität entstehen kann.
- Für die Zusammensetzung der zweiten Gruppenarbeitsphase können die Gruppenmitglieder von eins bis fünf durchzählen oder mit andersfarbigen Arbeitsblättern arbeiten.

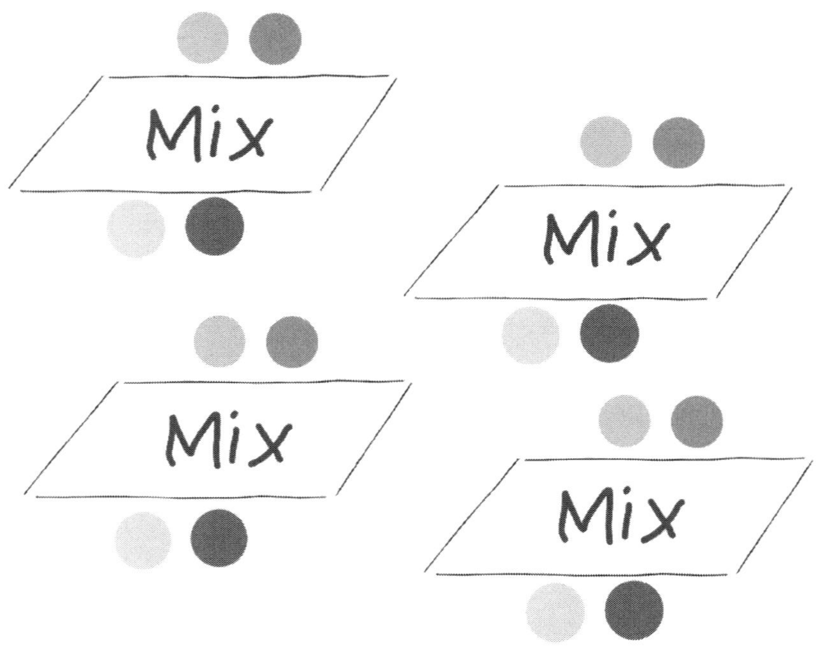

31. GRUPPENPUZZLE

Definition:

Das Gruppenpuzzle, auch bekannt unter dem Namen „Jigsaw"-Methode" ist eine kooperative Lernmethode, bei der die Schüler in Stamm- wie auch Expertengruppen gemeinsam arbeiten, um sich neue Unterrichtsinhalte anzueignen.

Voraussetzungen:

Lernchancen:

- Die Schüler schlüpfen gleichermaßen in die Rolle des Lernenden und die des Lehrenden.
- Alle Schüler sind aktiv beteiligt.
- Die Schüler übernehmen Verantwortung für ihre Gruppenmitglieder, da das Gesamtergebnis von der Leistung jedes einzelnen Schülers abhängt.
- Komplexe Themen können zeitökonomisch erarbeitet werden.

Durchführung:

- In der ersten Phase werden die Schüler in sogenannte Stammgruppen eingeteilt; die Gruppe erhält von der Lehrkraft ein Gesamtthema. Innerhalb der Stammgruppe erhält jeder Schüler ein Teilthema.
- Anschließend erarbeiten die Schüler die Aufgaben in Einzelarbeit. Daraufhin folgt die zweite Phase, also das Puzzeln. In dieser Phase kommen alle Schüler, die das gleiche Teilthema erarbeitet haben, zusammen. Die Schüler werden zu Experten ihres Teilthemas und bereiten gemeinsam die Präsentation für ihre Stammgruppen vor.
- In der dritten Phase kehren die Experten zurück in ihre Stammgruppen und stellen als Experten ihres Teilthemas ihre Ergebnisse vor.

Tipps:

- Die Methode ist in nahezu allen Fächern einsetzbar.
- Die Schüler sollten mit der Methode der Gruppenarbeit vertraut sein.
- Das Thema sollte sich in Teilthemen einteilen lassen und einen gewissen Komplexitätsgrad aufweisen.
- Die Aufteilung der Teilthemen sollte in etwa zu gleichen Anteilen erfolgen.

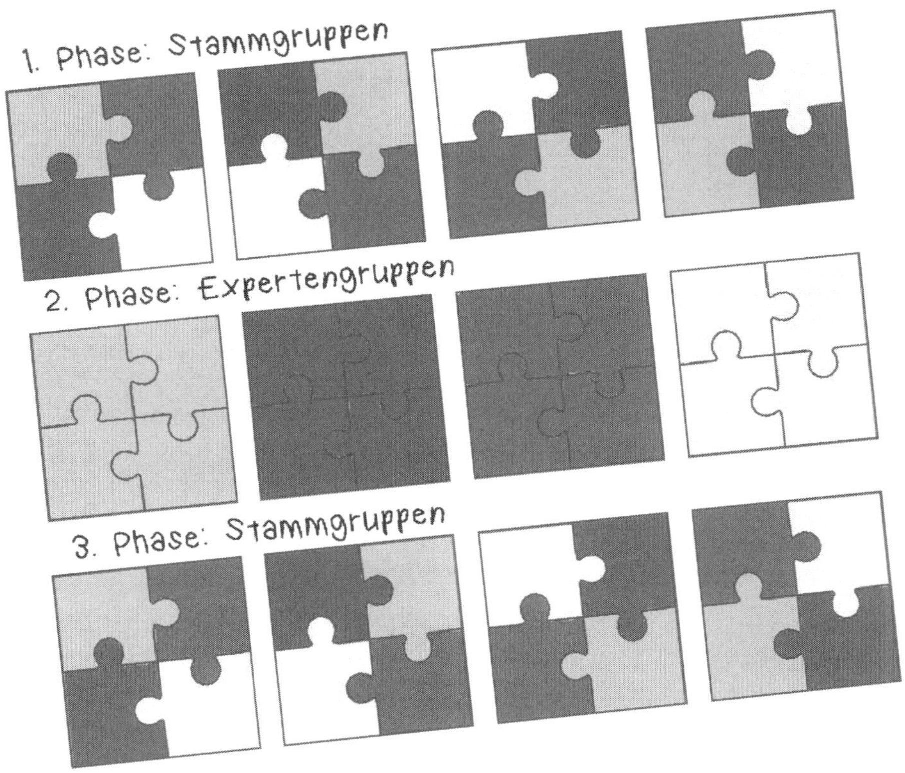

32. GRUPPENREISE

Definition:

Die „Gruppenreise“ ermöglicht den Schülern die Präsentation ihrer Gruppenergebnisse. Hierbei gehen sie mit ihren Ausarbeitungen auf eine Reise, auf der sie ihr neu erworbenes Wissen mit allen anderen, denen sie begegnen, teilen.

Lernchancen:

- Diese Methode fördert die Methoden- und Sozialkompetenz.
- Sie schult die Kreativität und das Fachwissen der Schüler.
- Alle Schüler werden beteiligt.

Voraussetzungen:

Durchführung:

- Am Ende einer Gruppenarbeit müssen Schüler in der Lage sein, ihre Gruppenergebnisse anderen erklären zu können. Nachdem dies sichergestellt ist, erhält jedes Gruppenmitglied eine Ziffer von eins bis vier.
- Daraufhin rücken alle Gruppenmitglieder mit der Ziffer Eins einen Tisch weiter, die Gruppenmitglieder mit der Ziffer Zwei rücken zwei Tische weiter, usw. Somit sind nun neue Gruppen entstanden.
- Die Schüler tauschen sich in den neuen Gruppen untereinander aus und verschriftlichen stichpunktartig die Beiträge ihrer Gruppenmitglieder.
- Abschließend werden alle Gruppenbeitrage im Plenum besprochen.

Tipps:

- Diese Methode eignet sich für nahezu alle Fächer.
- Der Lehrer sollte vor Beginn der Gruppenreise sicherstellen, dass die Inhalte aus der Gruppenarbeit verstanden worden sind.

Vor dem Aufrücken:

S1A	S2A	S1B	S2B	S1C	S2C	S1D	S2D
S3A	S4A	S3B	S4B	S3C	S4C	S3D	S4D

Nach dem Aufrücken:

S1D	S2C	S1A	S2D	S1B	S2A	S1C	S2B
S3B	S4A	S3C	S4B	S3D	S4C	S3A	S4D

Legende:

A = Aufgabe A	S1 = Schüler 1
B = Aufgabe B	S2 = Schüler 2
C = Aufgabe C	S3 = Schüler 3
D = Aufgabe D	S4 = Schüler 4

33. GRUPPENUNTERSUCHUNG

Definition:

Die Methode „Gruppenuntersuchung“ bietet den Schülern die Möglichkeit, selbständig und eigenverantwortlich verschiedene Lernerfahrungen zu sammeln. Die Schüler lernen das selbstständige Lernen.

Voraussetzungen:

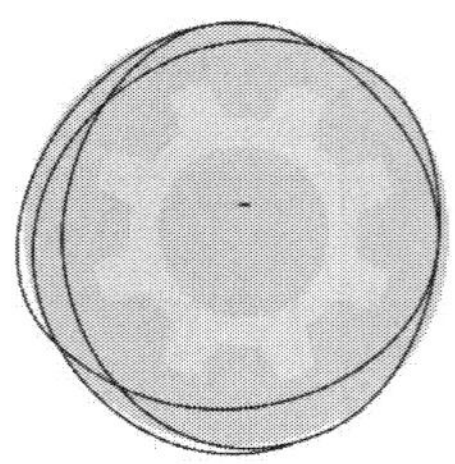

Lernchancen:

- Die Methode fördert die Kreativität der Schüler.
- Alle Schüler werden aktiviert.
- Sie fördert die Sozial-, Fach- und Methodenkompetenz der Schüler.
- Sie erhöht die Selbstständigkeit und das Verantwortungsbewusstsein aller Schüler.

Durchführung:

- Der Lehrer teilt die Schüler in Gruppen ein.
- Innerhalb der Gruppen verteilen die Schüler eigenständig die Aufgaben und Rollen. Sie erstellen eine gemeinsame Vorgehensweise und bestimmen ein Ziel. Hierfür beschäftigen sie sich mit der Frage, was genau sie untersuchen möchten.
- Anschließend klären die Gruppenmitglieder untereinander, wie sie dabei vorgehen möchten.
- Abschließend bereiten die Schüler eine Präsentation vor, um ihre Gruppenuntersuchung vorzustellen.
- Die Methode endet mit einer Evaluation der Gruppenuntersuchungen.

Tipps:

- Da diese Methode eine komplexe Methode darstellt, kann der Lehrer leistungsschwache Schüler mit Hilfsmaterialien unterstützen.

- Der Lehrer weist die Schüler darauf hin, dass auch weitere Möglichkeiten der Ergebnisvorstellungen möglich sind, wie z. B. Theaterstücke oder Ausstellungen (Methode „Galeriegang“ bzw. „Gallery Walk“).

34. ICH MACHE MIR EIN BILD

Definition:

Das Sprichwort „Ein Bild sagt mehr als tausend Worte“ beschreibt am treffendsten die Methode „Ich mache mir ein Bild“. Mittels eines gemalten Bildes können Schüler ihre Erfahrungen, Meinungen, Vorstellungen oder Erlebnisse darstellen.

Voraussetzungen:

- 20-30 MIN
- 2-3 PERSONEN
- KARIKATUREN, CARTOONS, SYMBOLE, FOTOS, ETC., BLATT, SCHERE, PAPIER, KLEBER, INTERNETZUGANG

Lernchancen:

- Es bleibt in den Gedächtnissen der Schüler länger hängen.
- Die Methode aktiviert das Vorwissen.
- Sie bietet einen visuellen Reiz bei allen Schülern (insbesondere für diejenigen hilfreich, die visuell lernen).
- Sie fördert die kommunikative Kompetenz.

Durchführung:

- Der Lehrer verteilt die Sammlung von verschiedenen Materialien in der Mitte des Klassenraumes und fordert die Schüler dazu auf, sich ein Bild auszuwählen.
- Anschließend erhalten die Schüler den Auftrag, sich ihre ersten Gedanken, Meinungen oder Erfahrungen zu dem Bild zu verschriftlichen.
- Daraufhin begründet jeder Schüler in einem rotierenden Partnergespräch seinem gegenübersitzenden Mitschüler sein ausgewähltes Bild.
- Im Anschluss suchen sich die Schüler neue Partner.
- Diese Methode endet nach fünf bis acht Durchgängen.

Tipps:

- Die Methode eignet sich besonders gut als Unterrichtseinstieg.
- Sie ist besonders bei jungen Lerngruppen wirksam.
- Bei ungerader Schülerzahlen können die Schüler auch zu dritt arbeiten.

35. KARIKA-TOUR

Definition:

Mit Hilfe der Methode „Karika-Tour“ können Schüler mittels verschiedener Karikaturen unterschiedliche Interpretationen zu einem Thema herausarbeiten (Terra GWG 2007).

Voraussetzungen:

Lernchancen:

- Die Methode fördert die Kreativität und das analytische Denken der Schüler.
- Sie unterstützt die Schüler, einen Perspektivwechsel vorzunehmen.
- Sie fördert die Methoden- und Sozialkompetenz.

Durchführung:

- Zunächst ordnet der Lehrer die Schüler in Gruppen zu. Zudem bringt der Lehrer mehrere themenspezifische bzw. unterrichtsrelevante Karikaturen an den jeweiligen Wänden auf. Hieran anschließend haben die Schüler die Aufgabe, sich pro Gruppe einer Karikatur zu widmen. Dabei sollen sie diese mittels zwei Fragen sichten: „Auf welche Weise könnte der Karikaturist das Thema wahrnehmen? „Welche Problematik könnte er mit seiner Karikatur in den Fokus rücken?“
- Nachdem der Lehrer ein vorher bestimmtes Signal gibt, haben die Schüler die Aufgabe, die nächste Karikatur zu sichten. Dabei können sie entweder im oder gegen den Uhrzeigersinn rotieren. Auf diese Weise führen die Gruppen eine Tour durch.
- Nachdem jede Gruppe ausreichend Zeit hatte, sich jeder Karikatur zu widmen, werden diese nun von der Wand wieder abgenommen. Die Gruppen setzen sich wieder auf ihre Plätze.
- Im Anschluss daran mischt der Lehrer die verdeckten Karikaturen und zieht nacheinander eine Abbildung vom Stapel. Mit Hilfe vorbereiteter Fragen (per Tafel, Whiteboard, Beamer

visualisiert) werden nun die Karikaturen behandelt und die entsprechenden Antworten notiert.

Tipps:

- Der Lehrer sollte den Schüler ausreichend Zeit für die Tour gewähren.
- Schwache Lerngruppen können mit Hilfsmaterialien unterstützt werden.

36. KARTE DER GEMEINSAMKEITEN

Definition:

Diese Methode ermöglicht den Schülern, ihre Gemeinsamkeiten zu visualisieren. Ziel der Methode ist es, eine angenehme Arbeitsatmosphäre zu schaffen und die Lernenden zu einem Austausch untereinander anzuregen.

Voraussetzungen:

Lernchancen:

- Die Karte der Gemeinsamkeit fördert die Sozialkompetenz der Schüler.
- Sie ermöglicht die Erweiterung der Empathiefähigkeit.
- Alle Schüler erhalten die Möglichkeit sich aktiv einzubringen.
- Sie fördert ein Gemeinschaftsgefühl.

Durchführung:

- Der Lehrer teilt die Schüler in Gruppen ein und verteilt jeder Gruppe einen Flipchart-Bogen.
- Die Gruppenmitglieder erhalten den Auftrag, ihre Gemeinsamkeiten, z. B. Musik, Hobby, Interessen, Reiseziele, Sport und weitere zu erkunden. Wenn eine Gemeinsamkeit gefunden wurde, wird diese auf dem Flipchart-Bogen festgehalten. Hierzu notieren die Schüler den Namen der der zugehörigen Person auch auf dem Flipchart-Bogen.
- Anschließend stellen die Gruppen ihre Gemeinsamkeiten im Plenum vor.

Tipps:

- Die Methode bietet sich auch an, um fachliche Gemeinsamkeiten zu erkunden.
- Der Lehrer fungiert als Moderator.

37. KARTENABFRAGE

Definition

Die Methode der Kartenabfrage stellt eine Möglichkeit dar, eine Vielzahl von verschiedenen Ideen oder Meinungen auf Karten zu verschriftlichen, um diese anschließend zu sammeln und zu clustern.

Voraussetzungen:

Lernchancen:

- Diese Methode fördert die Methoden- und die Sozialkompetenz.
- Sie entwickelt die Teamfähigkeit und aktive Teilnahme der Schüler weiter.
- Die Schüler erweitern ihre Fähigkeit, Wissen systematisch zu strukturieren.
- Sie fördert die Diskussionsfähigkeit und das kritisches Auseinandersetzen mit Ergebnissen.

Durchführung:

- Der Lehrer teilt den Schüler mit, nach welchen Regeln die Karten beschriftet werden.
- Anschließend teilt er den Schülern eine Frage / Problemstellung bzw. ein Thema mit und weist die Schüler darauf hin, dass die Schüleraussagen lediglich stichpunktartig verschriftlicht werden.
- Nach einer Bearbeitungszeit fordert der Lehrer, die Schüler dazu auf, ihre stichpunktartigen Notizen einem anderen Schüler vorzustellen.
- Daraufhin werden die Karten an einer Pinnwand gesammelt und gemeinsam strukturiert.
- Abschließend folgt eine Diskussion im Plenum, die dazu führen soll, dass zu den verschiedenen Teilaspekten Oberbegriffe gefunden werden sollen (clustern).

Tipps:

- Die Methode eignet sich auch besonders dafür, um Fragen zu stellen oder Vor- und Nachteile eines Themas zu erarbeiten.
- Der Lehrer fungiert als Moderator.

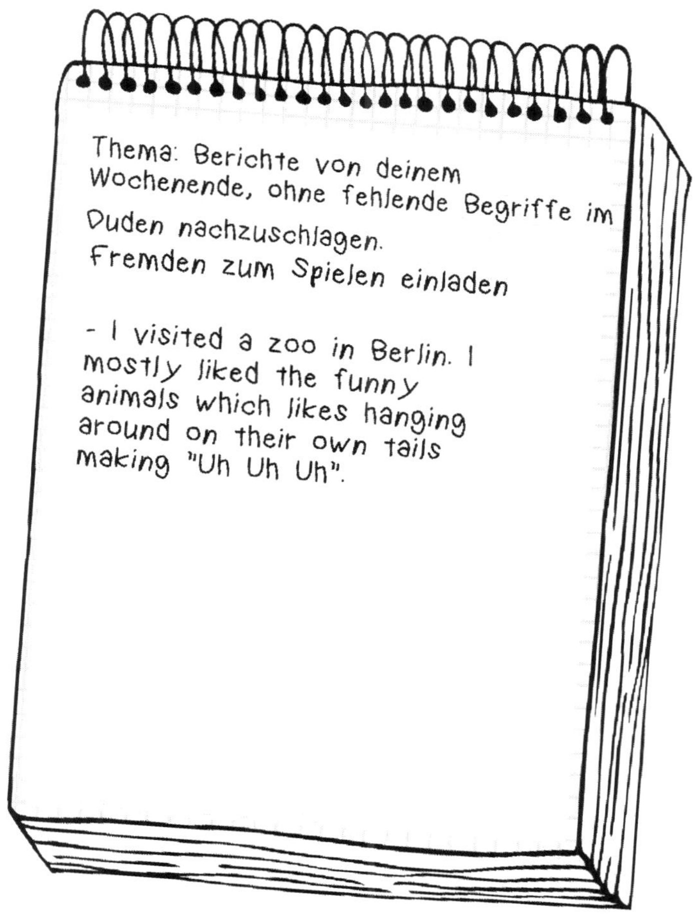

38. KARTOGRAFIE

Definition:

Die Kartografie stellt eine kooperative Lernmethode zur schnellen Texterfassung dar. Dabei entdecken die Schüler Sinnzusammenhänge und erstellen Interpretationsansätze.

Lernchancen:

- Diese Methode fördert die Methoden- und Sozialkompetenz.
- Sie steigert das Fachwissen der Schüler.
- Sie stärkt die kommunikativen Fähigkeiten der Schüler.

Voraussetzungen:

Durchführung:

- Der Lehrer weist jedem Schüler einen Partner zu.
- Anschließend teilt er jedem Schülerpaar einen komplexen Text zu. Die Schülerpaare lesen den Text und arbeiten dabei nach der Methode „Think-Pair-Share“. Sie markieren Kernbegriffe in verschiedenen Farben und suchen anschließend Unterbegriffe, die zu diesen Kernbegriffen unterstreichen.
- Gemeinsam suchen die Schülerpaare nach Sinnzusammenhängen zwischen den Kernbegriffen und Unterbegriffen.
- Gefundene Sinnzusammenhänge werden mit Verbindungslinien und Pfeilen visualisiert.
- Die erarbeiteten Partnerergebnisse werden anschließend im Plenum präsentiert.

Tipps:

- Die Methode „Kartografie“ zielt nicht nur auf Texterfassung, sondern auf ein komplexeres Verständnis des Textes ab.
- Daher eignet sie sich besonders für das Fach Deutsch oder Fremdsprachen.

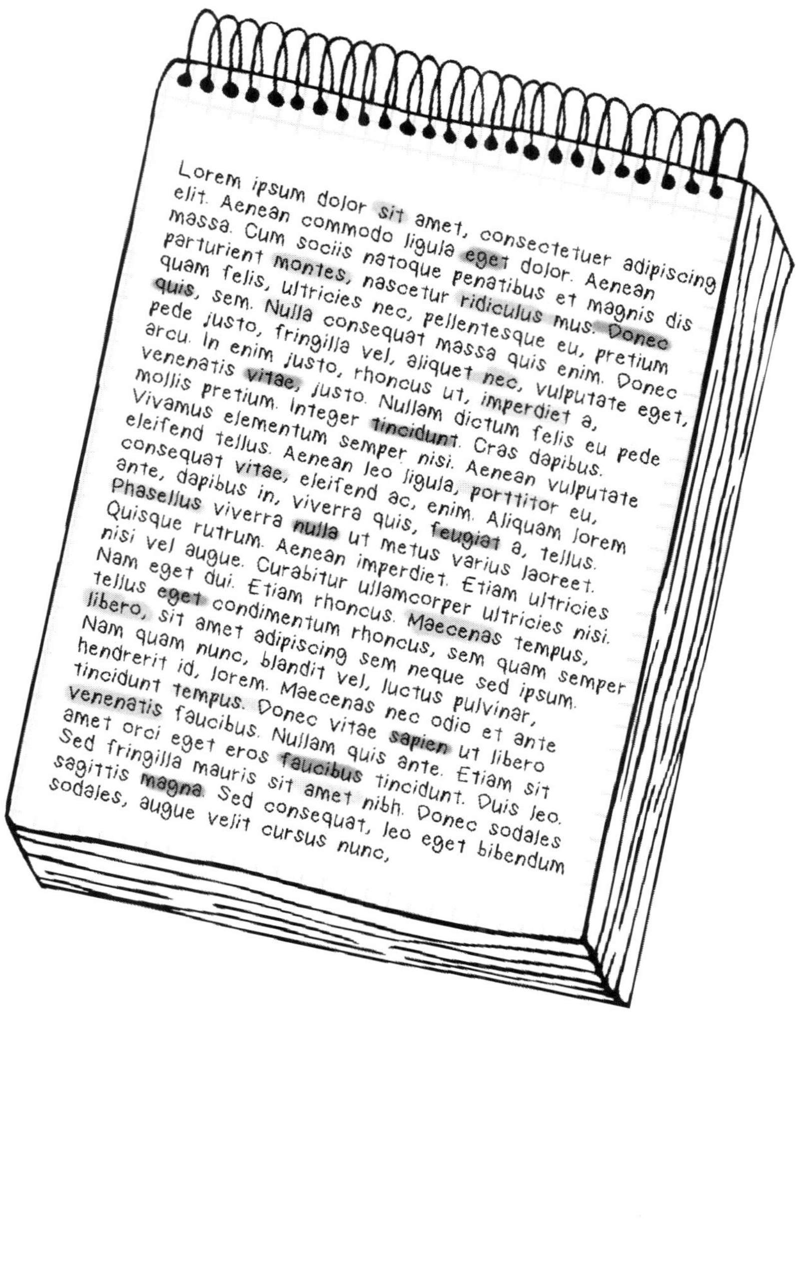

39. KOPFSTANDMETHODE

Definition:

Bei der Kopfstandmethode wird eine Problemfrage aus dem Blickwinkel ihres Gegenteils betrachtet. Ziel hierbei ist es „auf dem Kopf stehende" Ideen zur Lösungsfindung zu entwickeln.

Voraussetzungen:

Lernchancen:

- Die Kopfstandmethode fördert die Kreativität der Schüler.
- Die Schüler betrachten eine Problemfrage bzw. eine Problemsituation aus einer anderen Perspektive.
- Sie erweitern ihre Methodenkompetenz zur Lösungsfindung.
- Die Methode fördert die Sozial- und Kommunikationskompetenz der Schüler.
- Sie erhöht die Motivation, da bekannte Denkmuster durchbrochen werden.
- Die Schüler erweitern ihr kritisches Denkvermögen.

Durchführung:

- Vor Beginn der Durchführung werden die Regeln des Brainstormings wiederholt und festgehalten, wie die Ergebnisse am Ende der Methode präsentiert werden sollen.
- Anschließend formuliert der Lehrer eine offene Frage. Gemeinsam mit den Schülern wird die Frage reformuliert, um die Frage ins Gegenteil zu bringen, also auf den Kopf zu stellen.
- Im nächsten Schritt wird die Klasse in mehrere Gruppen eingeteilt. Innerhalb ihrer Gruppen erarbeiten die Schüler, in Form eines Brainstormings, Ideen bzw. Lösungsansätze.
- Im Anschluss präsentieren die Gruppen ihre Lösungsansätze im Plenum.

- Die Kopfstandmethode wird nach einer gemeinsamen Besprechung der potenziellen Lösungsansätze abgeschlossen.

Tipps:

- Der Lehrer kann leistungsschwache Schüler impulsgebend mit eigenen, ein bis zwei, kreativen Ideen unterstützen.
- Der Lehrer steht als Moderator zur Seite.

Kopfstand-Methode

Wie verbessern wir unsere Mahlzeit?

⇩

Wie verschlechtern wir unsere Mahlzeit?

⇩

Wir mischen ihr Gift bei.

⇩

Wir mischen ihr zusaetzliche Vitamine bei.

40. KUGELLAGER

Definition:

Bei der Kugellager Methode kommen mehrere Schüler zufällig miteinander ins Gespräch. Hierbei berichten die Schüler über ein abgegrenztes Thema oder eine Fragestellung und üben das freie Reden und Zuhören.

Voraussetzungen:

Lernchancen:

- Die Methode aktiviert das Vorwissen der Schüler und bezieht alle Schüler aktiv in den Unterricht ein.
- Sie fördert das Vernetzen und Kennenlernen der Schüler untereinander.
- Sie ermöglicht eine angenehme Atmosphäre und bricht starre Klassenraumanordnungen an Tischen auf.
- Sie fördert die Kommunikations- und Sozialkompetenz.

Durchführung:

- Der Lehrer fordert die Schüler dazu auf, einen Stuhlkreis zu bilden. Der Stuhlkreis muss aus einem Innen- und einem Außenkreis bestehen, so dass sich immer zwei Schüler gegenübersitzen.
- Der Lehrer nennt das Thema bzw. eine Fragestellung, über die sich die gegenübersitzenden Schülerpaare austauschen sollen.
- Anschließend beginnen die Schüler im Innenkreis und berichten, was ihnen zur Frage bzw. zum Thema einfällt. Die Schülerpaare tauschen für 2 bis 4 Minuten ihre Gedanken miteinander aus.
- Mit einem Zeichen des Lehrers rutscht der Außenkreis einen Stuhl nach rechts, so dass alle Schüler einen neuen Partner haben. Nun kann der Lehrer eine neue Fragstellung bzw. ein neues Thema stellen oder die neuen Schülerpaare tauschen sich über die gleiche Frage aus.

- Die Anzahl der Gesprächsdurchgänge kann der Lehrer individuell je nach Bedarf und Thema bestimmen.

Tipps:

- Die Methode eignet sich besonders gut in Sprachen, um Vokabeln zu wiederholen und zum Austausch über Texte.
- Anstelle eines Stuhlkreises ist auch eine Hufeisenanordnung möglich.
- In der Regel werden fünf bis zehn Durchgänge durchgeführt.

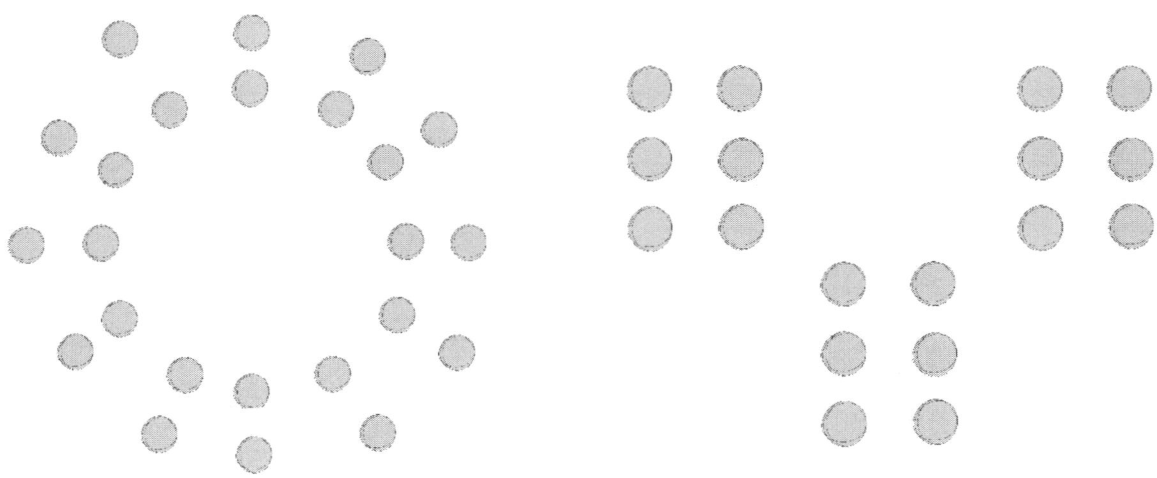

41. LEBENDIGE STATISTIK

Definition:

Die Schüler verteilen sich im Unterrichtsraum und beantworten statistische Fragen zu ihrer Person. Ziel ist es, dass sich die Schüler untereinander besser kennenlernen, indem sie sich auf einer virtuellen Skala im Unterrichtsraum verteilen.

Voraussetzungen:

Lernchancen:

- Die lebendige Statistik fördert eine angenehme Gruppenatmosphäre.
- Schüler lernen sich untereinander besser kennen (sowohl menschlich als auch im Hinblick auf die behandelten Themen).
- Die Methode fördert die Kommunikations- und Sozialkompetenz.
- Alle Schüler werden aktiviert.
- Sie fördert die Vertiefung und Festigung des fachlichen Vorwissens.

Durchführung:

- Der Lehrer überlegt sich im Vorfeld mehrere Kriterien bzw. Fragen und stellt diese der Klasse.
- Anschließend positionieren sich die Schüler in eine Ecke des Raumes. Die Schüler tauschen sich untereinander aus und kommentieren kurz ihre Position im Plenum.
- Nach einigen Durchgängen endet die Methode.

Tipps:

- Die Methode kann mit der Bildung einer Reihenfolge durchgeführt werden.
- Der Lehrer fungiert als Moderator und zieht sich weitestgehend zurück.

42. LERNPLAKAT

Definition:

Die kooperative Lernmethode „Lernplakat“ bietet die Möglichkeit zur Erarbeitung, Strukturierung sowie Visualisierung von erarbeiteten zentralen Inhalten.

Lernchancen:

- Diese Methode fördert die Methoden- und Sozialkompetenz der Schüler.
- Sie schult ihr Fachwissen und ihre Kreativität.

Voraussetzungen:

Durchführung:

- Vor Beginn der Durchführung vereinbart der Lehrer die Kriterien für eine Gestaltung eines Lernplakates, z. B.: Der Eyecatcher sollte in der Mitte des Plakates sein; es sollte übersichtlich und leserlich verschriftlicht sein; und weitere Merkmale.
- Anschließend weist der Lehrer die Schüler darauf hin, dass ein Lernplakat lediglich die wesentlichen Inhalte eines Themas erhalten sollten.
- Im nächsten Schritt teilt er die Schüler in Gruppen ein. Die Schüler lesen in Gruppen ihren Text, einigen sich untereinander auf die wesentlichen Inhalte und verschriftlichen sie auf dem Lernplakat.
- Nachdem die Lernplakate gefertigt wurden, werden diese im Klassenzimmer aufgehängt und präsentiert. Die Schüler sichten die Plakate. Am Ende werden die Lernplakate im Plenum einzeln bewertet und diskutiert. Dabei können die zu Beginn der Methode besprochenen Kriterien für die Bewertung einbezogen werden.

- Diese Plakate können nun solange im Klassenraum hängenbleiben, bis die Unterrichtsreihe abgeschlossen ist (oder auch darüber hinaus).

Tipps:

- Falls zwei Gruppen das gleiche Thema erarbeitet haben sollten, so sollten beide Lernplakate aufgehängt und präsentiert werden.
- Dadurch lassen sich Unterschiede in der Gestaltung aufzeigen. Zudem können sich die Gruppen so gegebenenfalls ergänzen und gegenseitig vervollständigen.

43. LERNTEMPODUETT

Definition:

Das Lerntempoduett besteht aus zwei wesentlichen Phasen: Die erste Phase stellt die Einzelarbeitsphase dar, in der die Schüler nach ihrem individuellen Lerntempo Aufgaben bzw. Texte erarbeiten. Die zweite Phase stellt die kooperative Partnerarbeitsphase dar, also den Wortbestandteil „-duett“ im Namen der Methode. Hier finden sich Lernpartner zusammen, die ein ähnliches Lerntempo haben.

Voraussetzungen:

Lernchancen:

- Hier kann nach individuellem Lerntempo der einzelnen Schüler differenziert werden.
- Es findet keine Benachteiligung von leistungsschwachen oder leistungsstarken Schülern statt.
- Die Methode impliziert eine hohe Schüleraktivierung.
- Der Zeitdruck, welcher sich vor allem auch Lernschwächere negativ auswirkt, wird aufgehoben.
- Sie kann zur Minimierung von Disziplinproblemen bzw. Konzentrationsschwächen beitragen.

Durchführung:

- Die Schüler arbeiten individuell an den von der Lehrkraft zur Verfügung gestellten Aufgaben (die Lehrkraft kann hierbei zwei oder mehrere Aufgaben bereitstellen).
- Nach Beendigung der ersten Aufgabe sollte der Schüler bereit sein, sich mit einem anderen Schüler auszutauschen. Der Schüler steht leise auf und schaut sich leise in der Klasse um. Ein Schüler, der zur gleichen Zeit mit der ersten Aufgabe, fertig geworden ist, steht ebenfalls auf, wodurch eine nonverbale Kommunikation stattfindet.

- Beide Schüler setzen sich nun zusammen und besprechen ihre Arbeitsergebnisse. Eventuell vorhandene Fehler sollten die Schüler möglichst mit ihrem Partner besprechen und sich gegenseitig unterstützen.

- Im Anschluss begibt sich jeder Schüler zurück an seinen Sitzplatz.

- Nach der Bearbeitung der zweiten Aufgabe steht der Schüler erneut auf und sucht sich einen neuen Mitschüler zur Besprechung der Ergebnisse.

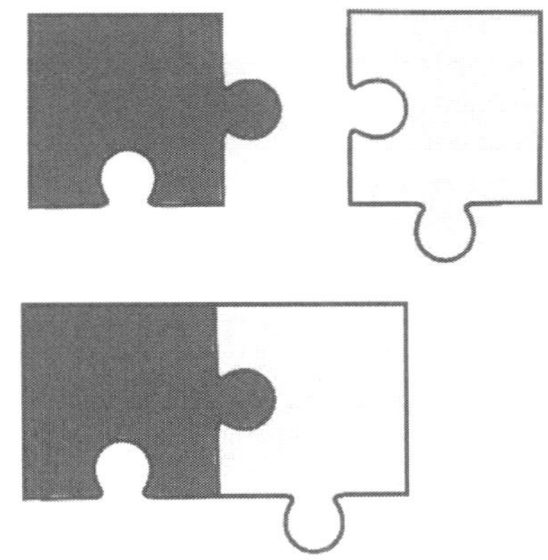

Tipps:

- Die Methode ist in nahezu allen Fächern einsetzbar, jedoch insbesondere im Mathematikunterricht.

- Sie eignet sich zur Vertiefung oder Wiederholung von Aufgaben bzw. Textarbeit oder zur Urteilsbildung.

- Die Schüler sollten sich sporadisch die benötigte Zeit zur Aufgabenbewältigung notieren, um sich einen Überblick zu verschaffen.

- Vor Beginn der Durchführung sollte der Lehrer mit den Schülern absprechen, dass der Lernpartner rein nach dem Lerntempo ausgesucht und nicht mit Blick auf Freundschaften bzw. Neigungen selektiert / gewartet wird.

- Nach der zweiten Einzelarbeitsphase sollten sich die Schüler mit einem neuen Mitschüler zur Ergebnissicherung austauschen (klare Vorgabe seitens des Lehrers: „Nach jedem Durchgang müsst ihr euch mit einem neuen Partner zusammensetzen“).

44. LERNZIRKEL

Definition:

Beim Lernzirkel wird ein Rahmenthema in verschiedene Teilthemen aufgeteilt. Die Schüler erarbeiten selbstständig und nach festgesetzter Reihenfolge die gestellten Aufgaben innerhalb eines festen Zeitintervalls.

Voraussetzungen:

Lernchancen:

- Die Schüler entscheiden selbst über den Schwierigkeitsgrad der gestellten Materialien.
- Die Methode ermöglicht eine innere Differenzierung für Leistungsstarke und Leistungsschwächere.

Durchführung:

- Der Lehrer teilt die Schüler in Gruppen ein. Die Anzahl der Gruppen hängt von der Anzahl der Stationen ab. Jede Gruppe wird mit einer entsprechenden Zahl versehen.
- Nach einem vorher definierten Zeitintervall wechseln die Gruppen im Uhrzeigersinn.
- Am Ende setzen sich die Gruppen zusammen und erstellen aus den verschiedenen Teilbearbeitungen ein Gesamtergebnis.
- Abgeschlossen wird der Lernzirkel mit der Präsentation von Ergebnissen.

Tipps:

- Die Methode kann als Grundlage und zur Vorbereitung von Stationenlernen dienen.

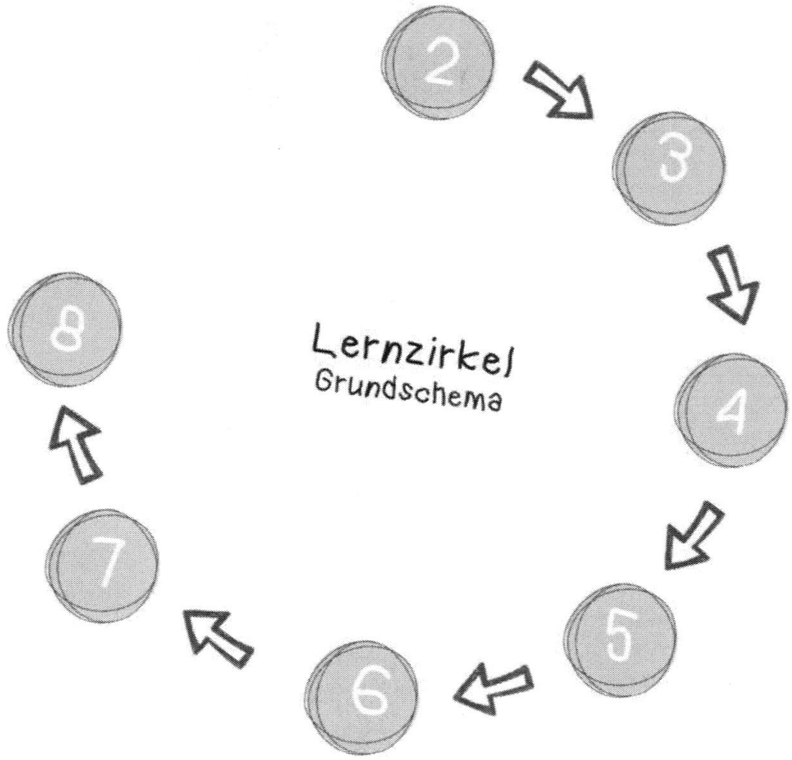
Lernzirkel
Grundschema
2
3
4
5
6
7
8

45. LESEPARTITUR

Definition:

Die kooperative Lernmethode „Lesepartitur" stellt eine Möglichkeit des sinnbetonten Lesens dar.

Voraussetzungen:

Lernchancen:

- Sie fördert die Lesefähigkeit der Schüler.
- Sie schult ihre Methoden- und Sozialkompetenz.
- Sie erfordert Kreativität beim Lesen.

Durchführung:

- Der Lehrer weist jedem Schüler einen Partner zu und teilt jedem Schülerpaar einen Text mit entsprechenden Partiturkennzeichnungen zum Vorlesen zu.
- Anschließend erhalten die Schülerpaare den Auftrag, gemeinsam eine Partitur zu erarbeiten. Die Partitur kann sich dabei auf die Betonung, Stimmhebung und weitere Merkmale beziehen.
- Die Schülerpaare üben miteinander das Vorlesen und nehmen gegebenenfalls Änderungen vor.
- Anschließend werden die Texte im Plenum vorgelesen. Die unterschiedlichen Vorlesevarianten werden erläutert und eventuell verbessert.

Tipps:

- Der Lehrer weist die Schüler darauf hin, dass während der Lesepartitur auch Gestik und Mimik einbezogen dürfen.

- Die Schüler können dahingehend sensibilisiert werden, dass in einer Kommunikation nicht nur die Wörter selbst, sondern vor allem auch die Art und Weise des Vortragens eine erhebliche Rolle spielen.

- Diese Methode ist insbesondere für das Fach Deutsch und die Fremdsprachen geeignet.

46. LESERÄTSEL

Definition:

Die kooperative Lernmethode „Leserätsel“ bietet eine Möglichkeit zur Entwicklung der Lesegeläufigkeit. Hierbei steht das Erkennen von Wortbildern im Fokus.

Voraussetzungen:

Lernchancen:

- Diese Methode fördert die Lesefähigkeit.
- Sie schult die Schüler in ihre Methoden- und Sozialkompetenz.
- Sie erweitert die Kreativität.
- Das Vorwissen der Schüler wird aktiviert.
- Sie erfordert eine Beteiligung aller Schüler.

Durchführung:

- Der Lehrer weist jedem Schüler einen Partner zu und visualisiert das Rätsel an der Tafel.
- Der Lehrer gibt eine feste Zeitvorgabe und erteilt den Schülern den Auftrag, gemeinsam das Rätsel zu entziffern.
- Die Rätsel können dabei nach Belieben gestaltet werden, z. B.: Alle Wörter werden groß- oder kleingeschrieben; Es fehlen die Lücken zwischen den einzelnen Wörtern; In allen Wörtern werden Buchstaben eliminiert (z. B. die Vokale); Alle Buchstaben eines Wortes werden durcheinander gewürfelt; und weitere.

Tipps:

- Der Lehrer kann die Schwierigkeit der Lerngruppe anpassen (= innere Differenzierung). Gegebenenfalls können Leistungsschwächeren auch Hilfsmittel zur Verfügung gestellt werden.

- Diese Methode eignet sich gut als Einstieg in den Unterricht.
- Sie kann auch eingesetzt werden, um bestimmte Schreibungen zu visualisieren und zu üben.

47. MARKT DER MÖGLICHKEITEN

Definition:

Die Methode „Markt der Möglichkeiten" bietet den Schülern eine Präsentationsmöglichkeit an, indem sie einen Informationsstand zu ihren Gruppenergebnissen erstellen. Die Methode verfolgt das Ziel, dass die Schüler ihre im Rahmen einer Gruppenarbeit erstellten Ergebnisse vorstellen.

Lernchancen:

- Schüler werden in ihrer Fach-, Methoden- wie auch Sozialkompetenz gefördert und gefordert.
- Die Lernenden lernen durch Lehren.
- Die Methode ermöglicht eine Erweiterung der Kommunikationskompetenz.

Voraussetzungen:

Durchführung:

- Nach einer vorangegangenen, arbeitsteiligen Gruppenarbeit bietet der Lehrer den Schülern die Möglichkeit, nach einer vorgegebenen Form oder von den Schülern ausgesuchten Form auf einem Markt ihre Gruppenergebnisse vorzustellen.
- Die Schüler sollen sich währenddessen selbst organisieren und dafür Sorge tragen, dass jedes Mitglied, als Experte, abwechselnd den eigenen Informationsstand betreut.
- Jeder Schüler ist in der Verantwortung, die Marktstände der anderen Gruppen zu besuchen. Die „Besucher" erhalten die Aufgabe, Informationen über die anderen Gruppen zu sammeln sowie Rückfragen zu den Präsentationen zu stellen.
- Während der Experte an seinem Stand für die Besucher zur Verfügung steht, soll er nur bei Nachfragen der Besucher, Darbietungen, wie z. B. Plakate, erklären.

- Anschließend werden die arbeitsteiligen Ergebnisse im Plenum besprochen.

Tipps:

- Die präsentierenden Schüler können den Zuhörern Interaktionsmöglichkeiten anbieten.
- Der Lehrer befindet sich in der Rolle des Moderators.

48. MASKEN VERTEILEN

Definition:

Die Methode „Masken verteilen“ stellt ein konstruktives Feedback-Spiel dar. Der Fokus dieser Feedback-Methode liegt darin, wie unterschiedlich das eigene Selbstbildnis von der Wahrnehmung der Gruppenmitglieder weichen kann.

Lernchancen:

- Diese Methode fördert die Kreativität.
- Sie schult die Schüler in ihrer Kritikfähigkeit.
- Sie stärkt die Methoden- und Sozialkompetenz der Schüler.

Voraussetzungen:

Durchführung:

- Der Lehrer teilt die Schüler in Gruppen ein und fordert die Schüler dazu auf, sich eine eigene Maske zu skizzieren. Die Maske soll die momentanen Emotionen des Zeichners wiederspiegeln.
- Anschließend erhalten die Schüler den Auftrag, für zwei oder drei selbst bestimmte Gruppenmitglieder eine Maske zu skizzieren.
- Im nächsten Schritt bilden die Gruppen Stuhlkreise. Jedes Gruppenmitglied stellt seine selbsterstellte eigene Maske vor und geht dabei auf ihre Bedeutung ein.
- Wenn andere Gruppenmitglieder ebenfalls dieses Mitglied gezeichnet haben sollten, dann werden sie dazu aufgefordert, begründet Stellung zu nehmen und ihre Sichtweise darzustellen.

- Dieser Vorgang wird solange durchgeführt, bis jeder seine Maske vorgestellt hat.
- Abschließend beginnen die Schüler mit einer konstruktiven Diskussionsrunde über die Eigen- wie auch Fremdwahrnehmung.

Tipps:

- Der Lehrer sollte die Schüler darauf aufmerksam machen, dass eine perfekte äußere Erscheinung der Maske keinen Vorrang hat, sondern, dass es die momentanen Emotionen bestmöglich zum Ausdruck bringt.

49. MEINE VISITENKARTE

Definition:

Die Methode „Meine Visitenkarte“ bietet eine Möglichkeit für Schüler, um miteinander ins Gespräch zu kommen oder in ein neues Thema einzusteigen.

Voraussetzungen:

Lernchancen:

- Die Methode trägt dazu bei, die Unsicherheiten der Schüler abzubauen.
- Sie aktiviert alle Schüler.
- Sie fördert die Methoden- und Sozialkompetenz.
- Die Kommunikationsfähigkeit wird besonders geschult.

Durchführung:

- Der Lehrer fordert jeden Schüler dazu auf, sein Blatt Papier in vier gleichgroße Rechtecke einzuteilen und in die Mitte des Blattes einen Kreis zu zeichnen, um den eigenen Namen einzutragen.
- Des Weiteren sollte sich jeder Schüler neben seinem Namen ein Symbol oder ein Zeichen ausdenken und dies neben dem eigenen Namen eintragen.
- Anschließend schreiben die Schüler in jedes Rechteck einen Satzanfang hinein. Die Satzanfänge sollten erst nach Absprache mit dem Lehrer verschriftlicht werden. Dieser Satzanfang dient als Impuls, damit jeder seine Visitenkarte ausfüllen kann.
- Im nächsten Schritt haben die Schüler die Aufgabe, sich einen Partner zu suchen, den sie noch nicht so gut kennen. Mit Hilfe ihrer Visitenkarte tauschen sich die Schüler miteinander aus.

Tipps:

- Die Methode eignet sich besonders gut bei neuen Lerngruppen.
- In der Regel werden drei bis fünf Durchgänge durchgeführt.

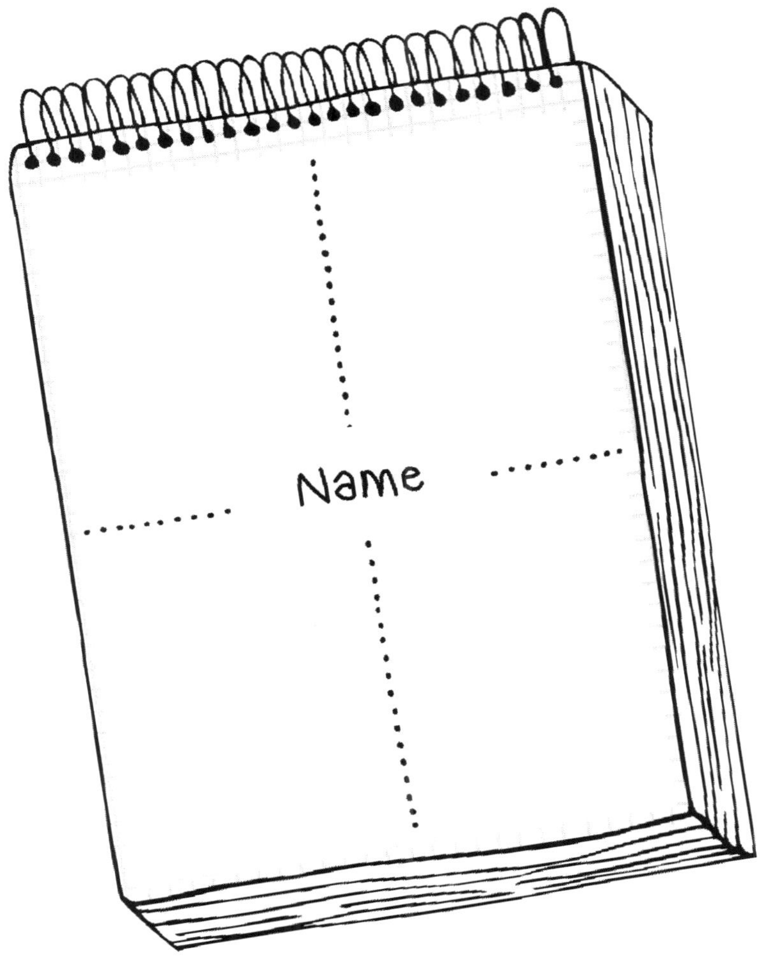

50. MEHRSTUFIGE LERNSPIRALE

Definition:

Die mehrstufige Lernspirale dient zum Erwerb und zur Vertiefung von Wissen in mehreren Stufen. Auf eine Lernphase in Einzelarbeit folgt eine Partnerarbeitsphase und abschließend eine Gruppenarbeitsphase, die im Plenum präsentiert wird.

Voraussetzungen:

Lernchancen:

- Eine innere Differenzierung eignet sich besonders.
- Die Methode fördert die Sozial- und Methodenkompetenz der Schüler.
- Sie fördert die Kommunikationsfähigkeit.
- Die Fachkompetenz wird geschult.
- Die Teamfähigkeit wird besonders gestärkt.

Durchführung:

- Der Lehrer teilt den Schülern das Thema bzw. die Aufgabe mit.
- Im ersten Schritt erarbeitet jeder Schüler die Aufgabenstellung eigenständig in Stillarbeit. Diese Phase beendet der Schüler mit der Verschriftlichung der Ergebnisse.
- Im zweiten Schritt tauscht sich jeder Schüler mit seinem Sitznachbarn aus. Hierbei werden Ergebnisse verglichen und bei Bedarf Ergänzungen bzw. Verbesserungen durchgeführt.

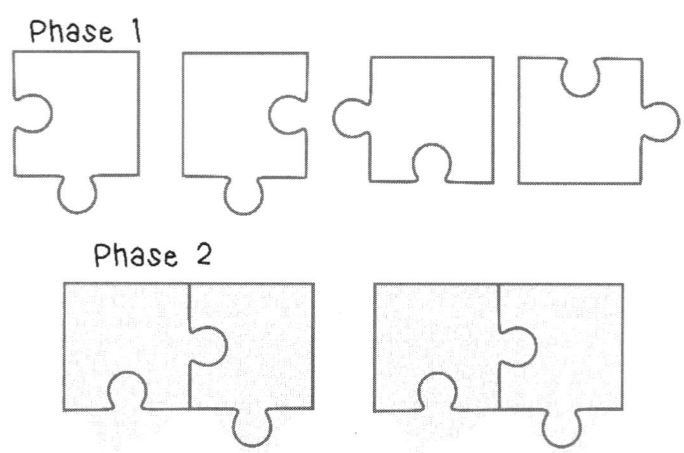

- Im dritten Schritt erfolgt die Gruppenarbeitsphase. Der Lehrer teilt die Schüler in Gruppen ein, wodurch ein wechselseitiger Austausch innerhalb der Gruppe erfolgt. Die Gruppenmitglieder einigen sich ein gemeinsames Ergebnis und bereiten die Gruppenpräsentation vor.

Phase 3

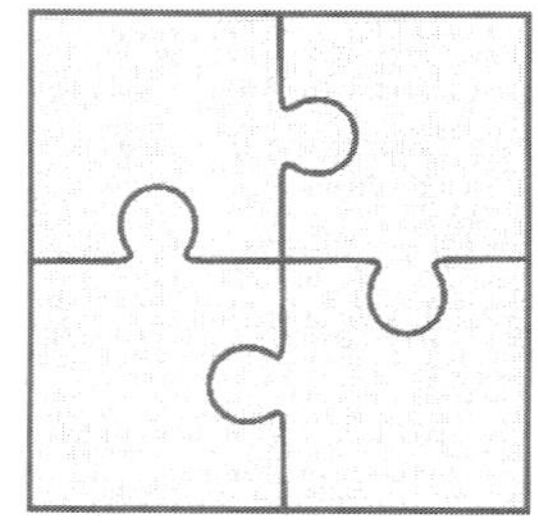

- Anschließend wird ein Gruppensprecher aus der Gruppe ermittelt, der die erarbeiteten Ergebnisse im Plenum vorstellt.

Tipps:

- Der Lehrer kann schwache Schülerpaare mit Hilfsmitteln unterstützen.
- Alternativ kann die Ergebnispräsentation von mehr als einer Person durchgeführt werden.

51. METHODE 66

Definition:

Diese Methode dient zur Anregung von Diskussionen bzw. Gesprächen, die ins Stocken geraten sind. Hierbei steht die erste Zahl für die Anzahl der Gruppenmitglieder und die zweite Zahl für die Zeit der Gruppengespräche (siehe Durchführung).

Lernchancen:

- Sie fördert die Sozial- und Methodenkompetenz der Schüler.
- Die Kreativität und das Diskussionsvermögen werden besonders geschult.
- Alle Schüler werden aktiviert.

Voraussetzungen:

Durchführung:

- Der Lehrer stellt den Schülern eine präzise Frage. Die Schüler bilden zügig mit ihren Sitznachbarn eine Gruppe mit sechs Mitgliedern.
- Innerhalb einer fest vereinbarten Zeit von sechs Minuten diskutieren die Gruppemitglieder über die vorgegebene Frage. Während des Gesprächs sitzen die Gruppenmitglieder so, dass sie sich alle anschauen können.
- Anschließend berichtet jede Gruppe von ihrem Gesprächsergebnis.

Tipps:

- Die Methode kann auch „Methode 47" lauten, wenn vier Personen über sieben miteinander sich austauschen.

Was sind dominante Gene?
6 min - 6 Personen

52. NUMMERIERTE KÖPFE

Definition:

Die Methode „Nummerierte Köpfe" dient der individuellen Ansprechbarkeit einzelner Schüler, indem der Lehrer jedem Schüler vor Beginn der Erarbeitungsphase eine Nummer zuweist.

Voraussetzungen:

Lernchancen:

- Die Methode fördert die Fach-, Sozial- wie auch die Methodenkompetenz der Schüler.
- Die Schüler übernehmen Verantwortung für ihre Ergebnisse.
- Sie fördert die Beteiligung aller Schüler.

Durchführung:

- Der Lehrer teilt die Schüler in Gruppen ein und ordnet ihnen Aufgaben zu.
- Daraufhin weist der Lehrer jedem Gruppenmitglied eine Nummer zu. Bei einer Vier-Personen Gruppe wird jedem Schüler eine Zahl zwischen eins und vier zugeteilt.
- Die Schüler erhalten den Auftrag, dass jedes Gruppenmitglied die Aufgaben unter der Hilfestellung der anderen Gruppenmitglieder erreichen muss und dass die Ergebnispräsentation durch eine vom Lehrer zufällig bestimmte Nummer erfolgen wird. Das bedeutet, wenn z. B. der Lehrer die Nummer drei auswählt, dann alle Schüler mit der Nummer drei aus den verschiedenen Gruppen die Ergebnisse präsentieren werden.
- Die Besonderheit der Methode liegt darin begründet, dass der Lehrer die Nummer erst kurz vor der Präsentation mitteilt.

- Nach Klärung aller Regeln beginnen die Schüler mit der Bearbeitung der Aufgaben. Hierbei arbeiten die Schüler zunächst individuell, um anschließend ihre Ergebnisse untereinander zu besprechen. Die Schüler einigen sich auf eine Lösung.

- Im nächsten Schritt führt der Lehrer mit einzelnen Schülern eine Nachbesprechung durch. Hierzu nennt der Lehrer die Nummern der Schüler. Folglich kommt aus jeder Gruppe ein Schüler zu Wort.

- Abschließend dürfen die anderen Schüler die Ausführungen ihrer Mitschüler ergänzen. Der Lehrer teilt den Schülern gegebenenfalls die richtige Lösung mit.

Tipps:

- Der Lehrer kann entsprechend der Nummern definierte Rollen verteilen, z. B. alle Einser übernehmen die Funktion des Zeitwächters. Dadurch erhöht sich die Aktivität jedes einzelnen Schülers.

53. PARTNERARBEIT

Definition:

Innerhalb eines Lernprozesses erhalten zwei Schüler eine Aufgabe, die sie gemeinsam erarbeiten sollen.

Voraussetzungen:

Lernchancen:

- Die Partnerarbeit fördert das selbstständige und das kooperative Arbeiten gleichermaßen.
- Die Schüler binden sich aktiv mit ihrer Eigenleistung in den Unterricht ein. Das bedeutet, dass alle Schüler zur Bewältigung der Aufgabenstellung beitragen müssen.
- Die Partnerarbeit bietet einen geschützten Raum für Schüler, denn schüchterne Schüler, die sich ungern in großen Gruppen beteiligen, erhalten hier die Möglichkeit zur aktiven Teilnahme.
- Die Teamfähigkeit wird gefördert.
- Die Schüler lernen, dem anderen Partner zu zuhören und ihn ausreden zu lassen.
- Die Kompromissbereitschaft wird gefördert, da gemeinsame Wege und Möglichkeiten zur Problemlösung gefunden werden müssen

Durchführung:

- Die Partnerarbeit setzt eine Nachdenkphase, also eine Phase der Einzelarbeit, voraus. Es sollte darauf geachtet werden, dass die Schüler einander zugewendet sitzen.
- Eine klare Formulierung des Arbeitsauftrages und der Dauer der Bearbeitungszeit ist wesentlicher Bestandteil einer erfolgreichen Gruppenarbeit.
- Die Schüler sollten vor Beginn der Partnerarbeitsphase wissen, wie die Ergebnisse festgehalten und wie diese vorgestellt werden sollen.

Tipps:

- Die Durchführung ist in jedem Fach möglich.
- Es bedarf keiner langen Vorbereitung.
- Die Schüler sollten einander zugewendet sitzen, damit ein Austausch stattfindet und nicht Einzelarbeit durchgeführt wird.
- Nur bei ungerader Schülerzahl sollte eine Dreierkonstellation erlaubt werden.

54. PARTNERBRIEFING

Definition:

Zwei Schüler arbeiten jeweils an unterschiedlichen Aufgaben. Im Anschluss müssen die Schüler ihre Aufgaben so aufbereitet haben, dass sie sich gegenseitig über das Erarbeitete austauschen / informieren können.

Voraussetzungen:

Lernchancen:

- Das Partnerbriefing fördert das Lernen durch Lehren.
- Schüler übernehmen Verantwortung für das eigene und auch für das Lernen des Partners.
- Es findet eine individuelle Förderung durch Materialdifferenzierung statt.

Durchführung:

- Die Schüler erhalten unterschiedliche Aufgaben. S1 erarbeitet Material A und S2 erarbeitet Material B. Die Schüler halten ihre Ergebnisse schriftlich fest.
- Nach der Erarbeitungsphase erläutern die Schüler wechselseitig ihre Ergebnisse: S1 informiert S2, S2 hört konzentriert zu und fasst die wesentlichen Inhalte zusammen (mündlich).
- Danach informiert S2 den S1, S1 hört zu und fasst die wesentlichen Inhalte zusammen.
- Die Vorstellung der Ergebnisse erfolgt im Plenum.

Tipps:

- Eine feste Zeit für das Einarbeiten in das Material sollte zu Beginn vereinbart werden.
- Die Steigerung des Schwierigkeitsgrades wird ermöglicht, wenn jeder die Inhalte des Partners vorstellt.
- Beide Aufgaben sollten in etwa den gleichen Schwierigkeitsgrad haben.
- Hier ist besonders die Binnendifferenzierung nach Lernleistungen oder Lerngeschwindigkeit gut realisierbar.
- Eine Konstellation von heterogenen als auch homogenen Lerngruppen ist möglich.

55. PARTNERINTERVIEW

Definition:

Das kooperative Partnerinterview ist die Weiterentwicklung des klassischen Partnerinterviews. Die Schüler interviewen sich gegenseitig zu einem Thema, welches sie sich eigenständig vorher angeeignet haben. Der Interviewer als auch der interviewte Schüler beschäftigen sich mit dem gleichen Thema.

Voraussetzungen:

Lernchancen:

- Es werden die kommunikativen Kompetenzen der Schüler gefördert wie auch gefordert.
- Die Schüler üben das genaue Zuhören und Eingehen auf gestellte Fragen.
- Die Methode bietet eine Möglichkeit von individueller Förderung und Forderung (= Binnendifferenzierung) dar, da Schüler sich im eigenen Lerntempo mit den Aufgaben befassen können.
- Das Vorwissen wird aktiviert als auch angemessen überprüft.
- Die Schüler lernen durch Lehren.
- Die Schüler üben sich im Perspektivwechsel.

Durchführung:

- Die Lehrkraft verteilt Materialien und erteilt den Arbeitsauftrag, die Texte zu lesen und anschließend, in Einzelarbeit, zum gelesenen Text Interviewfragen zu formulieren. Empfehlenswert ist es, wenn die Schüler ein Arbeitsblatt erhalten, auf dem sie ausreichend Raum für ihre Fragen und für das Protokollieren von Antworten haben.
- Die Bildung von Paaren kann nach dem Zufallsprinzip erfolgen (nähere Informationen dazu im Kapitel „4.4 Zusammensetzung der Gruppen").
- Im Anschluss beginnt S1 mit dem Interview und interviewt den Partner S2. Danach werden die Rollen getauscht.

- Abgeschlossen wird das kooperative Partnerinterview mit einer Ergebnispräsentation vor der Gruppe oder der gesamten Klasse.

Tipps:

- Der Einsatz in Fremdsprachen ist sehr zu empfehlen.
- Falls der Interviewte eine Frage nicht beantworten kann, so sollten beide Partner am Ende des Interviews diese Frage erneut besprechen. Hier kann der Interviewer eine Hilfestellung bieten.
- Die Fragen sollten sich auf die Bestandteile des Themas beziehen.
- Bei der erstmaligen Durchführung kann die Lehrkraft einige Interviewfragen exemplarisch vorbereiten (Differenzierungsmöglichkeit).

56. PARTNERPUZZLE

Definition:

Das Partnerpuzzle ist auf dem Prinzip „Think-Pair-Share“ aufgebaut und ist in zwei unterschiedliche Phasen aufgeteilt: die Expertenphase und Puzzlepaarphase. Die zweiphasige Strukturierung ist das wesentliche Merkmal des Partnerpuzzles. Die von den Schülern erarbeiteten Teilgebiete werden im Anschluss zu einem Gesamtergebnis zusammengefasst.

Lernchancen:

- Die Methode eignet sich gut für die Beleuchtung von komplexen Themen aus verschiedenen Perspektiven.
- Sie erfordert ein hohes Maß an Lernaktivität.
- Die Schüler übernehmen wechselseitig Verantwortung für das Lernen des Partners.

Voraussetzungen:

Durchführung:

- Das Partnerpuzzle ist in zwei wesentliche Phasen eingeteilt: Die Phase 1 stellt die Expertenphase dar. Die Lehrkraft unterteilt die Lerngruppe in zwei Gruppen und lässt Expertenpaare bilden. Die Schüler arbeiten sich in das Material ein, tauschen sich aus und werden zu Experten ihrer Arbeitsaufgabe.
- Im Anschluss einigen sie sich darüber, wie sie die Inhalte aus der Phase 1 dem neuen Partner erklären können.
- In der Phase 2 bilden sich Puzzlepaare. Als Experte vermittelt jeder Schüler dem neuen Partner das neu erworbene Wissen.

- Gemeinsam fassen die Puzzlepaare ihre Teilbearbeitungen zu einem endgültigen Gesamtergebnis zusammen.

Tipps:

- Bei ungerader Schülerzahl könnten Dreierpaare gebildet werden.
- Den überzähligen Schülern könnten verschiedene Aufgaben übertragen werden, z. B. Zeitwächter oder Lernbeobachter.
- Sie sollten ausreichend Zeit für die Expertenphase einräumen.
- Die Teil- wie auch Gesamtergebnisse sollten schriftlich festgehalten werden.

57. PEER CONFERENCE

Definition:

Die Methode „Peer Conference" eignet sich besonders für den Englischunterricht und stellt eine Variante der Partnerarbeit dar. Zwei Schüler lernen zusammen und korrigieren gegenseitig ihre Arbeitsergebnisse.

Voraussetzungen:

Lernchancen:

- Die Methode fördert das Sprachbewusstsein und die Schreibfähigkeit der Schüler.
- Sie schult das Fachwissen und das themenrelevante Vokabular.
- Sie stärkt die Kommunikationsfähigkeit und das Verantwortungsbewusstsein der Schüler.
- Die Kritikfähigkeit der Schüler im mündlichen und schriftlichen Bereich wird besonders weiterentwickelt.

Durchführung:

- Für die Durchführung der Methode erarbeitet der Lehrer gemeinsam mit den Schülern eine Check-Liste. Diese Check-Liste beinhaltet verschiedene Kriterien, mit der die Texte bearbeitet werden können.
- Der Lehrer weist jedem Schüler einen Partner zu. Die Schülerpaare lesen die vom jeweiligen Partner geschriebenen Texte durch und kommentieren diese. Dabei heben die Schüler zuerst positive Aspekt hervor und korrigieren oder ergänzen anschließend den Text.
- Für die Korrektur der Texte beziehen sich die Schüler auf die Check-Liste.
- Anschließend erteilt jeder Schüler seinem Partner ein konstruktives Feedback.
- Im letzten Schritt überarbeiten die Schüler ihre eigenen Texte und übernehmen die Korrekturvorschläge ihrer Partner.

Tipps:

- Der Lehrer weist die Schüler darauf hin, dass die Schülerpaare ihre gegenseitig korrigierten Ergebnisse nicht mit Noten, sondern mit Smileys versehen.

- Im Sinne der inneren Differenzierung kann es sich hier bewähren, leistungsheterogene Schülerpaare zusammenarbeiten zu lassen. Dadurch wird der Leistungsstärkere in seinem Verantwortungsbewusstsein gestärkt, hingegen sich der Leistungsschwächere allen voran in seiner Fachkompetenz weiterentwickelt.

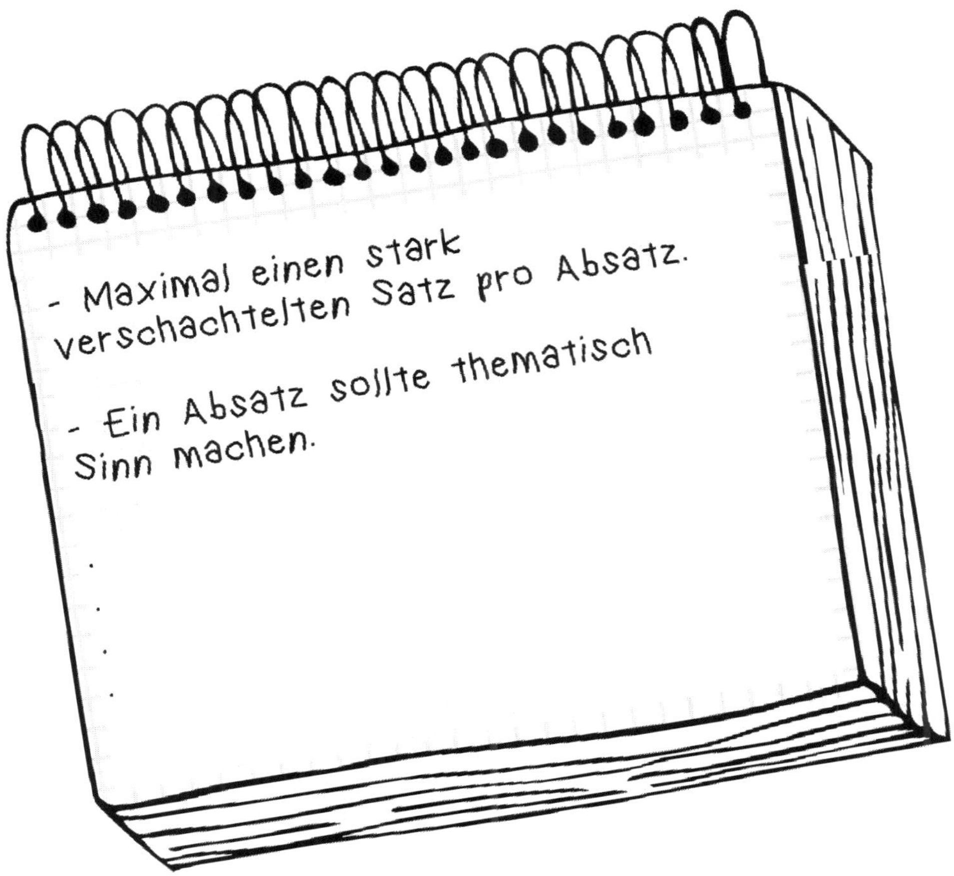

58. PEER REVIEW

Definition:

Die Schüler korrigieren oder bewerten Arbeitsergebnisse untereinander, um sie zu verbessern, reflektieren und anschließend konstruktiv Feedback zu geben.

Voraussetzungen:

Lernchancen:

- Die Schüler lernen sich schriftlich und mündlich verständlich und gut zu formulieren.
- Sie erweitern ihr kritisch analytisches Denken sowie Reflexionsvermögen.
- Sie vertiefen ihre Fach- sowie Sozialkompetenz.
- Leistungsstarke Schüler können leistungsschwächeren Schülern helfen, wodurch beide Seiten sowohl gefördert als auch gefordert werden.
- Die Methode ermöglicht den Schülern einen Perspektivwechsel.

Durchführung:

- Der Lehrer teilt jedem Schüler einen Schüler zu. Die Schülerpaare korrigieren gegenseitig ihre vorher erarbeiteten Aufgaben. Dabei verbessern und bewerten sie die Arbeitsergebnisse ihrer Partner.
- Anschließend geben die Schüler dem Partner konstruktiv Rückmeldung bezüglich der Zusammenarbeit und das Ergebnis. Daraus können die Schüler eine Checkliste mit verständlichen Kriterien erstellen, um das Peer review in Zukunft zu optimieren.

Tipps:

- Die Schüler können die Peer-review-Methode auch in kleinen Gruppen oder anonym durchführen.

59. PLACEMAT

Definition:

Die Schüler erhalten als Grundlage für ihre Gruppenarbeit ein großes Blatt Papier. Das Blatt Papier wird entsprechend der Anzahl der Gruppenmitglieder in gleichgroße Felder zugeteilt. In der Mitte des Blattes wird ein Gemeinschaftsfeld freigelassen, um Gruppenergebnisse gemeinsam festzuhalten.

Voraussetzungen:

Lernchancen:

- Die Methode „Placemat“ eignet sich hervorragend als Einstieg in ein neues Thema, zur Aktivierung von Vorwissen, Erfassung von Lernzwischenständen und zur abschließenden Diskussion von Themen.
- Jeder Schüler wird zur aktiven Teilnahme bewegt, da sich kein Schüler im Schutz der Gruppe zurückziehen kann.
- Die Einzelleistung und der Kenntnisstand der Schüler können schnell festgestellt werden.
- Die Schüler erlangen verschiedene Blickwinkel zu einer Thematik.
- Die Schüler lernen, rücksichtsvoll miteinander umzugehen
- Die Methode bietet für die Schüler klare Strukturen an.

Durchführung:

- In der ersten Phase notieren die Schüler ihre ersten Gedanken, die sie in Einzelarbeit erarbeitet haben, in ihr Individualfeld.
- In der zweiten Phase vergleichen bzw. tauschen die Schüler ihre Individualergebnisse. Dabei drehen die Schüler das Blatt Papier im Uhrzeigersinn, so dass jeder Schüler die Ergebnisse der anderen Gruppenmitglieder sehen und nachvollziehen kann.

- Anschließend entwickeln die Schüler aus der Gesamtzahl ihrer Notizen ein gemeinsames Gruppenergebnis.

- Das Gruppenergebnis wird in das Gemeinschaftsfeld eingetragen und letztlich der Klasse vorgestellt.

Tipps:

- Der Arbeitsauftrag / die Fragstellung müssen mehrere Antwortmöglichkeiten bieten (Mehrperspektivität der Sache).

- Die Methode eignet sich besonders gut in Lerngruppen, die mit Gruppenarbeiten wenig vertraut sind.

60. PLANSPIEL

Definition:

Das Planspiel stellt eine Simulation einer realen Konfliktsituation oder Problemsituation dar. Die Schüler simulieren die einzelnen Phasen vom Ausgangspunkt bis hin zur Entscheidungsfindung. Hierbei agieren die Schüler als Mitglieder klar definierter Interessengruppen.

Voraussetzungen:

Lernchancen:

- Die Methode fördert die Entfaltung von Kernkompetenzen der Schüler.
- Sie fördert das Demokratieverständnis der Schüler.
- Die Förderung der Urteils-, Konflikt- sowie Sprechkompetenzen sind im außerschulischen Alltag von Bedeutung.
- Die Methode fördert das soziale Handeln und die kommunikative Auseinandersetzungsfähigkeit.

Durchführung:

- Die Durchführung erfolgt in der Regel in mehreren Spielstunden. Der Lehrer führt die Schüler in das Spiel ein. Nachdem die Regeln des Spiels geklärt sind, bilden die Schüler Gruppen. In ihren Gruppen beginnen die Schüler, die vom Lehrer ausgegebenen Unterrichtsmaterialien zu lesen.
- Anschließend folgt die Erarbeitungsphase. Hier bereiten die Gruppen ihre Argumente vor und planen weitere Vorgehensweisen. Des Weiteren haben die Gruppen auch die Möglichkeit, Kontakt zu anderen Gruppen aufzunehmen und sich inspirieren zu lassen bzw. auch abzustimmen.
- Die Schüler bereiten sich auf eine Versammlung bzw. Konferenz vor. Abschließend visualisieren sie ihren Standpunkt.

- Auf die Erarbeitungsphase folgt die Konferenzphase. Der Lehrer eröffnet die Versammlung, woraufhin einzelne Gruppen ihre Ergebnisse dem Plenum vortragen. Abgeschlossen wird die Konferenzphase mit einer Diskussionsphase und mit Entscheidungen über das Ausgangsproblem.

- Die letzte Phase stellt die Reflexionsphase dar. Es findet ein Vergleich zwischen dem durchgespielten Planspiel und der Wirklichkeit statt. Im Fokus steht die Frage: „Was haben die Teilnehmer aus dem Spiel für ihr eigenes Leben gelernt?"

Tipps:

- In der Regel werden fünf verschiedene Gruppen gebildet, um mehrere Perspektiven abbilden zu können.

61. PROJEKTUNTERRICHT

Definition:

Der Projektunterricht ist eine offene Unterrichtsform, die sich aus einer Vielzahl von Methoden zusammensetzt. Innerhalb einer vorgegebenen Zeit sollen ein Vorhaben bzw. ein Plan bewältigt werden. Schüler und Lehrer stellen gemeinsam eine Aufgabe, die sie gemeinsam von der Planung bis zur Ergebnispräsentation durchführen. Meist findet der Projektunterricht im Rahmen einer Projektwoche statt.

Voraussetzungen:

Lernchancen:

- Die Schüler können nach ihrem Interesse und Fähigkeiten arbeiten.
- Die Methode erhöht die Motivation zur Teilnahme, weil die Schülerinteressen durchgehend miteinbezogen werden.
- Die Handlungskompetenz der Schüler wird in einem hohen Maße gefördert.
- Sie fördert das kooperative Lernen und bietet dennoch Platz für Individualisierung.
- Sie fördert die Sozialkompetenz der Schüler.

Durchführung:

- Vor Beginn der Projektdurchführung werden die Schüler in Gruppen eingeteilt und die Techniken bzw. Methoden werden festgelegt. Die Schüler erarbeiten die zur Verfügung gestellten Materialien und recherchieren darüber hinaus eigenständig und selbstorganisiert.
- Anschließend werden die gewonnenen Ergebnisse ausgewertet und dokumentiert.
- Am Ende des Arbeitsprozesses erfolgt eine Abschlusspräsentation. Während der Projektwoche steht der Lehrer als Beobachter und Unterstützer den Schülern zur Seite.

Tipps:

- In der Planungsphase ist gemeinsam mit den Schülern festzustellen, welche Kompetenzen zur erfolgreichen Projektdurchführung notwendig sind.

62. PRO-KONTRA-DEBATTE

Definition:

Die Pro-Kontra-Debatte ist eine Methode, die nach genauen Regeln abläuft. Im Wesentlichen stehen hier Pro- und Kontra-Gruppen gegenüber und führen eine Diskussion. Die Pro-Kontra-Debatte unterscheidet sich von der Diskussion insoweit, dass eine Veränderung in den Mehrheitsverhältnissen erreicht werden soll.

Lernchancen:

- Die Schüler lernen die Grundlagen einer demokratischen Streitkultur.
- Sie werden in die Situation versetzt, ihre Position begründet zu vertreten.
- Die Schüler lernen, Gegenargumente zu akzeptieren und darauf sachlich zu reagieren.

Voraussetzungen:

Durchführung:

- Die Schüler setzten sich in drei Gruppen zusammen: Pro-Gruppe, Kontra-Gruppe und die Gruppe der Unentschlossenen. Die Gruppen suchen jeweils nach Argumenten, um ihre Positionen zu bekräftigen. Die Gruppe der Unentschlossenen erhält den Auftrag, eine Liste über Pro- und Kontraargumente aufzulisten. Zur Unterstützung kann der Lehrer die Schüler mit Materialien unterstützen.
- Nach der Vorbereitungszeit übernimmt ein Schüler die Rolle des Anwalts, der das Plädoyer halten wird. Nachdem die Sitzordnung umorganisiert wurde, kann die Durchführung beginnen.
- In der Mitte des Raumes sitzt der Lehrer und um ihn herum die Anwälte der jeweiligen Pro- und Kontragruppen. Es sollten jeweils zwei Anwälte pro Gruppe vertreten sein. Ausgehend

vom Moderator aus haben sich die Vertreter der Pro- und Kontra-Argumente rechts und links zu verteilen. Im hinteren Bereich des Raumes befindet sich die Gruppe der Unentschlossenen.

Tipps:

- Die Methode ist besonders gut geeignet für den Politik- wie auch Deutschunterricht.
- Im Vorfeld sollte überprüft werden, ob zur Thematik verschiedene Meinungen in der Klasse bestehen.
- Die Methode eignet sich besonders für das Ende einer Unterrichtsreihe.
- Die Zahl der Pro- und Kontravertreter muss nicht gleichmäßig vertreten sein. Was zählt, sind die Argumente.

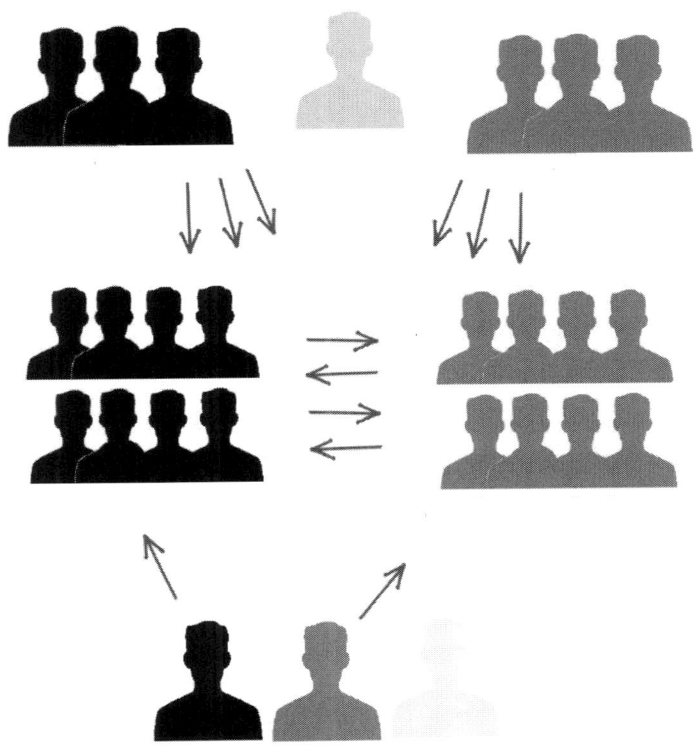

63. REDAKTIONSKONFERENZ

Definition:

Die Methode „Redaktionskonferenz“ dient zu textüberschreitenden Bewertung von Texten. Sie stellt eine Sonderform des Expertengesprächs dar.

Voraussetzungen:

45-60 MIN

4-6 PERSONEN

UNTERRICHTSMATERIAL, MEHRERE TEXTE

Lernchancen:

- Diese Methode fördert das Verantwortungsbewusstsein der Schüler.
- Sie schult das Fachwissen.
- Sie stärkt die Sozial- und Methodenkompetenz der Schüler.

Durchführung:

- Der Lehrer teilt die Schüler in Gruppen ein und weist jeder Gruppe mehrere Texte mit ähnlichen bzw. vergleichbaren Inhalten zu.
- Die Aufgabe der Gruppen lautet, gemeinsam in einer Redaktionskonferenz ein bis zwei der vorgegebenen Texte auszuwählen und zu bearbeiten. Die Gruppenmitglieder lesen die verschiedenen Texte und diskutieren ihre Textauswahl.
- Anschließend präsentieren die Gruppen ihre Entscheidungen im Plenum.
- Die erfolgreiche Durchführung der Methode setzt voraus, dass die Schüler Fremdperspektiven einnehmen können und Fachwissen mitbringen.

Tipps:

- Die Methode eignet sich für besonders für den Sprachenunterricht.

- Der Lehrer kann den Redaktionsgruppen eine Beobachtergruppe zuweisen, die anschließend ein Verlaufsprotokoll anfertigt.

64. REDEKETTE

Definition:

Die Redekette ist eine Methode, bei der die Schüler das Unterrichtsgespräch eigenständig leiten. Zu Beginn stellt die Lehrkraft eine offene Frage oder bietet den Schülern einen Impuls. Anschließend rufen die Schüler einander auf, so dass eine Redekette von Schülerbeiträgen entsteht. Die Lehrkraft ist währenddessen in der Rolle des stillen Zuhörers und greift nur dann in den Ablauf ein, wenn die Gesprächsregeln missachtet werden.

Lernchancen:

- Bei der Gestaltung können Schüler aktiv mitwirken.
- Schüler bringen ein hohes Maß der Eigeninitiative mit.
- Alle Schüler haben Gelegenheit zur aktiven Teilnahme.

Voraussetzungen:

Durchführung:

- Die Lehrkraft bietet den Schülern einen Impuls oder stellt eine Frage, mit der sich die Schüler beschäftigen sollen. Ein Schüler äußert sich zur Frage und gibt das Sprachrecht an einen von ihm ausgesuchten Mitschüler weiter.
- Anschließend wählt der Mitschüler einen anderen Mitschüler und erteilt ihm das Sprachrecht. So wird die Redekette schülergeleitet fortgesetzt.

Tipps:

- Während der Schülerbeiträge kann der Lehrer kurze Notizen festhalten.
- Die Methode ist in nahezu allen Fächern einsetzbar.
- Vor Beginn der Redekette sollten Regeln aufgestellt werden.
- Bei Zeitknappheit sollte jeder Schüler nur einmal das Recht haben, sich zu beteiligen.
- Die Sitzordnung sollte es erlauben, dass sich alle Schüler anschauen können.
- Die Methode ist besonders gut zur Einstiegsphase des Unterrichts oder zum Meinungsaustausch geeignet.

65. REPORTERS

Definition:

Die Methode eignet sich zur Meinungsbildung. Hierbei fungieren die Schüler als Reporter und Interviewter. Anschließend werden die Ergebnisse im Plenum vorgespielt.

Voraussetzungen:

Lernchancen:

- Die Methode fördert das spielerische Lernen.
- Sie schult die Schüler in ihrer Kommunikationsfähigkeit.
- Alle Schüler werden einbezogen.
- Die Meinungsbildung wird gestärkt.

Durchführung:

- Der Lehrer teilt die Schüler in Gruppen ein und weist jeder Gruppe ein Thema bzw. eine Frage zu.
- Ein Schüler übernimmt die Rolle des Reporters ein, zwei bis drei weitere Schüler übernehmen die Rolle der Interviewpartner ein.
- Jeder Schüler macht sich in Stillarbeit Notizen zum vorgegebenen Thema.
- Anschließend wird das Interview vor dem Plenum durchgespielt, indem der Reporter seine Interviewpartner zum Thema befragt.
- Abschließend bewertet die Klasse das Interview.

Tipps:

- Für das Vorspielen vor der Klasse kann der Lehrer die Schüler mit Realien oder Zusatzmaterialien unterstützen.
- Der Lehrer kann das jeweilige Thema nach leistungsschwachen und leistungsstarken Schülern differenziert vorbereiten.

66. REZIPROKES LERNEN

Definition:

Die Methode „Reziprokes Lernen“ stellt eine Methode zur Texterschließung und zur Entwicklung der Selbstständigkeit dar. Sie ist eine Form der Gruppenarbeit, bei der die Schüler durch das Lehren selbst lernen.

Voraussetzungen:

Lernchancen:

- Diese Methode fördert die Selbstständigkeit der Schüler.
- Sie schult das Lernen durch Lehren.
- Sie ermöglicht einen Perspektivwechsel.
- Die Schüler werden in ihrem Fachwissen weiterentwickelt.
- Sie fördert das Verantwortungsbewusstsein der Schüler.

Durchführung:

- Der Lehrer teilt die Schüler in Gruppen ein und erläutert den Auftrag, einen Text bzw. einen Textausschnitt zu untersuchen. Jeder Schüler erhält dabei eine bestimmte Teilaufgabe.
- Nachdem die Schüler den Text gelesen haben, bearbeiten sie zuerst ihre eigenen Aufgaben.
- Im nächsten Schritt übernimmt ein Schüler die Rolle des Lehrers bzw. Gruppenleiters und stellt Fragen und fordert Erklärungen ein. Die Gruppenmitglieder beantworten die Fragen des neuen „Lehrers“. Erst nachdem jeder Schüler die Rolle des Lehrers eingenommen hat, kann eine abschließende gemeinsame Arbeitsergebnissicherung durchgeführt werden.
- Die Arbeitsergebnisse werden anschließend von einem Schüler im Plenum präsentiert und diskutiert.

- Der Lehrer kann die einzelnen Aufgaben der Schüler z. B. so gestalten, dass der eine Schüler Fragen zum Inhalt des Textes erarbeitet, während ein anderer Schüler Fragen zu sprachlichen Auffälligkeiten stellt.

Tipps:

- Damit die Methode von allen Schülern verstanden wird, sollte der Lehrer die Rolle des „Lehrers“ einzelner Gruppen einmal exemplarisch vorführen.
- Die Schüler dürfen sich gegenseitig konstruktive Rückmeldungen geben.

67. ROLLENSPIEL

Definition:

Beim Rollenspiel schlüpfen Schüler in verschiedene Rollen, um eine vorgegebene Situation auf spielerische Weise zu präsentieren.

Voraussetzungen:

Lernchancen:

- Das Rollenspiel fördert die soziale Handlungskompetenz der Schüler.
- Es fördert die Kreativität und Experimentierfreude der Schüler.
- Es bietet den Schülern einen Perspektivwechsel an.
- Die Methode dient als Übung für reale Streitlösungen an.

Durchführung:

- Der Lehrer teilt die Klasse in zwei Gruppen ein. Eine Gruppe besteht aus Schülern, die in eine Rolle schlüpfen werden, während die andere Gruppe aus Schülern besteht, die eine beobachtende Funktion übernehmen sollen.
- Im Anschluss bereiten sich die Schüler in ihren Gruppen für das Rollenspiel vor.
- Während des Rollenspiels haben die Beobachter die Aufgabe, auf Beobachtungsbögen kurze Notizen festzuhalten.

Tipps:

- Der Lehrer kann hier zwischen einem spontanen und einem gelenkten Rollenspiel entscheiden.
- Falls möglich, sollten sich die Schüler ihre Rollen selbst auswählen.

- Der Lehrer übernimmt vorwiegend die Funktion des Impulsgebers.
- Der Beobachtungsbogen sollte vor Beginn des Rollenspiels besprochen werden.
- Das Rollenspiel ist besonders für den Fremdsprachenunterricht geeignet.

68. ROTIERENDES PARTNERGESPRÄCH

Definition:

Das rotierende Partnergespräch wird auch als kommunikatives Stühlerücken bezeichnet. Im rotierenden Wechsel tauschen Schüler Inhalte oder Gedanken mit Partnern aus.

Lernchancen:

- Das rotierende Partnergespräch fördert sie Sozialkompetenz der Schüler.
- Es fördert das aktive Zuhören und Rekapitulieren wesentlicher Inhalte.
- Stille und schüchterne Schüler können sich aktiv miteinbringen.

Voraussetzungen:

Durchführung:

- Der Lehrer fordert die Schüler dazu auf, einen Stuhlkreis in der Mitte des Raumes zu bilden. Nach der Reihe rufen die Schüler abwechselnd die Zahlen 1 und 2 auf. Alle Schüler, die die Zahl 2 gerufen haben (S 2), setzen sich mit ihren Stühlen in den Innenbereich des Stuhlkreises. Die Schüler mit der Zahl 1 (S 1) sitzen entsprechend im Außenkreis.
- S 2 und S 1 sitzen sich nun gegenüber. Alle Schüler die, die Zahl 2 gerufen haben, beginnen, dem gegenübersitzenden S 1 seine Ergebnisse vorzutragen.
- Anschließend fassen die im Außenkreis sitzenden Schüler die Inhalte von S 1 zusammen und fügen ihre Ergebnisse hinzu.
- Mit einem Zeichen des Lehrers rücken die S 2 zwei Stühle weiter nach rechts. Nun beginnt S 1, seine Ergebnisse S 2 vorzutragen.
- Nach drei bis vier Rotationen kann das Partnergespräch abgeschlossen werden.

Tipps:

- Das rotierende Partnergespräch eignet sich besonders gut, um Ergebnisse, Meinungen oder Hausaufgaben untereinander auszutauschen.
- Die Durchführung der Methode kann auch im Stehen durchgeführt werden.
- Um die Lautstärke zu regeln, sollten die Schüler darauf hingewiesen werden, mit gedämpfter Stimme zu sprechen.

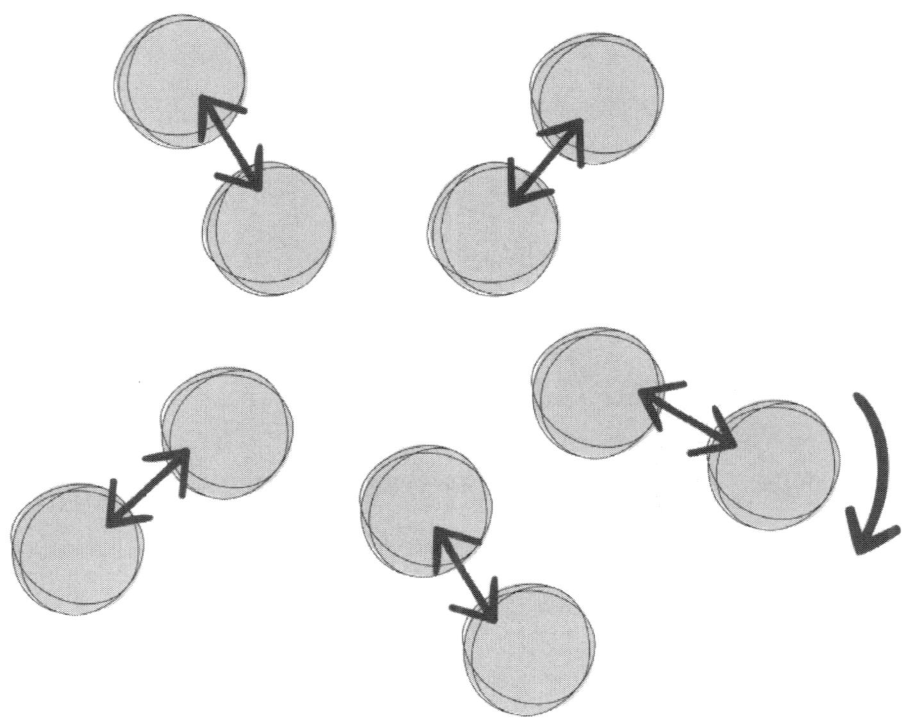

69. ROUND ROBIN

Definition:

Die Methode „Round Robin“ wird auch als „Runde“ bezeichnet. Sie wirkt gegen mögliche Trittbrettfahrer bzw. sogenannte „Zugpferde“, die auf Kosten anderer Gruppenmitglieder arbeiten. Ziel der Methode ist es, die Beiträge einzelner Gruppenmitglieder sichtbar zu machen.

Voraussetzungen:

Lernchancen:

- Sie fördert die Fach- und Sozialkompetenz.
- Alle Schüler werden aktiviert.
- Die Motivation der Schüler wird gesteigert.
- Die Methode fördert die Kommunikationsfähigkeiten der Schüler.

Durchführung:

- Der Lehrer teilt die Schüler in Gruppen ein und weist jeder Gruppe eine Aufgabe zu. Die Gruppenmitglieder teilen die Gruppe so untereinander auf, dass von jedem einzelnen Gruppenmitglied ein Beitrag erwartet wird.
- Nach einer ausreichenden Bedenkzeit legen alle Schüler einen kleinen Gegenstand in die Mitte ihres Gruppentisches.
- Ein Gruppenmitglied beginnt, seine Ideen bzw. Lösungsansätze vorzutragen. Erst wenn er ausgesprochen hat, nimmt er seinen Gegenstand zurück.
- Wenn alle Gegenstände erneut beim Besitzer sind, dann beginnt bei Bedarf die nächste Runde.

- Die Ergebnisse werden abschließend im Plenum zusammengetragen.

Tipps:

- Die Methode eignet sich besonders für größere Gruppen.
- Der Lehrer kann den Schülern verschiedene Rollen zuweisen, z. B. Zeitwächter, um Verbindlichkeiten aller Schüler zu steigern.

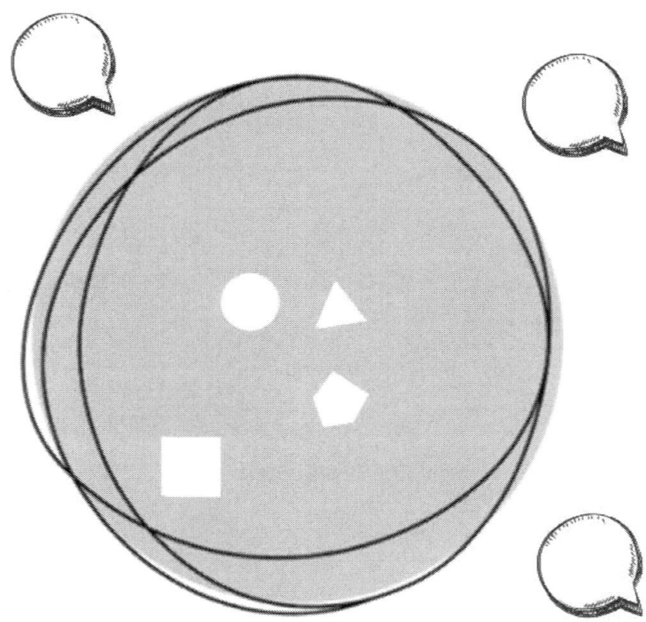

70. RUNDER TISCH

Definition:

Die kooperative Lernmethode „Runder Tisch“ wird auch als „Runde“ bezeichnet. Die Besonderheit der Methode liegt darin, dass sie eine ruhige Arbeitsweise darstellt, bei der die Schüler nacheinander an die Reihe kommen, um wechselseitig auf Standpunkte bzw. Antworten zu reagieren.

Lernchancen:

- Diese Methode fördert die Methoden- und Sozialkompetenz der Schüler.
- Sie schult ihre Kreativität und ihr Fachwissen.
- Alle Schüler werden beteiligt.

Voraussetzungen:

Durchführung:

- Der Lehrer teilt die Schüler in Gruppen ein, erläutert das Thema und formuliert den Arbeitsauftrag. Nun weist er die Schüler darauf hin, dass jedes Gruppenmitglied mit einem andersfarbigen Stift schreiben soll. Ziel hierbei ist es, die individuellen Schülerbeiträge anschließend zuordnen zu können.
- Nach einer angemessenen Bedenkzeit verschriftlicht jedes Gruppenmitglied seine Antwort bzw. Ideen zur Aufgabenstellung auf ein Blatt Papier.
- Anschließend wird das Blatt Papier im Uhrzeigersinn weitergereicht. Die Schüler lesen die Beiträge und führen Ergänzungen durch oder kommentieren die Antwort. Die Methode wird so lange durchgeführt bis jeder sein Blatt Papier zurückerhält.

- Abschließend erfolgt ein Gruppengespräch.

Tipps:

- Diese Methode eignet sich für nahezu alle Fächer.

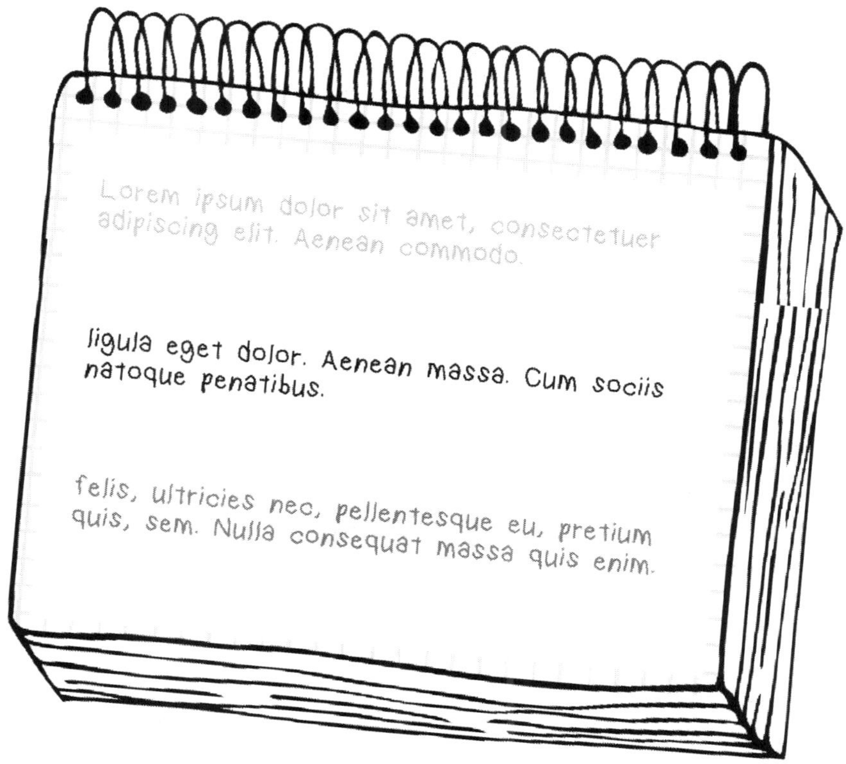

71. SANDWICH

Definition:

Bei der Sandwich-Methode werden Inhalte eines Lehrervortrags im Rahmen einer Gruppenarbeit erarbeitet. Das Ziel der Methode ist es, die Inhalte innerhalb der Gruppe gemeinsam zu erarbeiten.

Voraussetzungen:

Lernchancen:

- Die Methode das aktive Zuhören der Schüler.
- Sie unterstützt die Schüler in der Ideenentwicklung.
- Die Verknüpfung von Vorwissen mit neuen Informationen wird ermöglicht.
- Sie fördert die Konzentrationsfähigkeit und die Fachkompetenz.

Durchführung:

- Der Lehrer teilt die Schüler in Gruppen ein und erfragt das Vorwissen der Schüler zu einem bestimmten Thema.
- Anschließend erarbeiten die Schüler das gerade Gehörte anhand einer Aufgabe. Daraufhin tragen die Schüler ihre schriftlich festgehaltenen Ergebnisse dem Plenum vor.

Tipps:

- Die Methode eignet sich besonders gut als Einstieg in ein neues Thema.

72. SCHNEEBALLVERFAHREN

Definition:

Das Schneeballverfahren eignet sich zur Meinungsfindung und Sammlung von Ideen als Einstieg in eine beliebige Thematik.

Voraussetzungen:

Lernchancen:

- Die Methode fördert die Aktivierung von Vorwissen und unterstützt die Schüler in ihrer Diskussionsfähigkeit.
- Sie schult die Methoden- und Sozialkompetenz.
- Das Gemeinschaftsgefühl wird hierbei in den Vordergrund gerückt.

Durchführung:

- Jeder Schüler hat ein Blatt Papier vor sich liegen. Der Lehrer bietet den Schülern einen Impuls an oder gibt eine Fragestellung bzw. ein Thema vor.
- Anschließend notieren sich die Schüler bezüglich des Impulses, der Frage oder der Thematik je drei Gedanken zu den folgenden Punkten aus: Vorteile, Nachteile, Gründe, Maßnahmen, Ziele und Fragen. Während dieser Phase sollte der Lehrer darauf achten, dass die Schüler sich miteinander nicht austauschen.
- Daraufhin teilt der Lehrer die Schüler in Dreiergruppen ein und fordert sie dazu auf, sich auf vier wesentliche Punkte zu einigen. Diese vier Punkte verschriftlichen die Gruppenmitglieder.
- Anschließend kommen je zwei Dreiergruppen zusammen, um sich gemeinsam auf fünf Punkte festzulegen. Die Gruppenergebnisse werden auf Karten verschriftlicht und jede Gruppe trägt die Ergebnisse im Plenum vor.

- Die Karten werden nach jeder Präsentation durch die Gruppe an der Tafel oder an einer Pinnwand festgehalten.

Tipps:

- Die Methode eignet sich besonders gut für Pro-Kontra-Debatten.
- Der Lehrer sollte ausreichend Zeit einplanen.
- Der Lehrer kann den Schülern eine Stichwortsammlung vorgeben, damit die Schüler diese nach Prioritäten sortieren können.

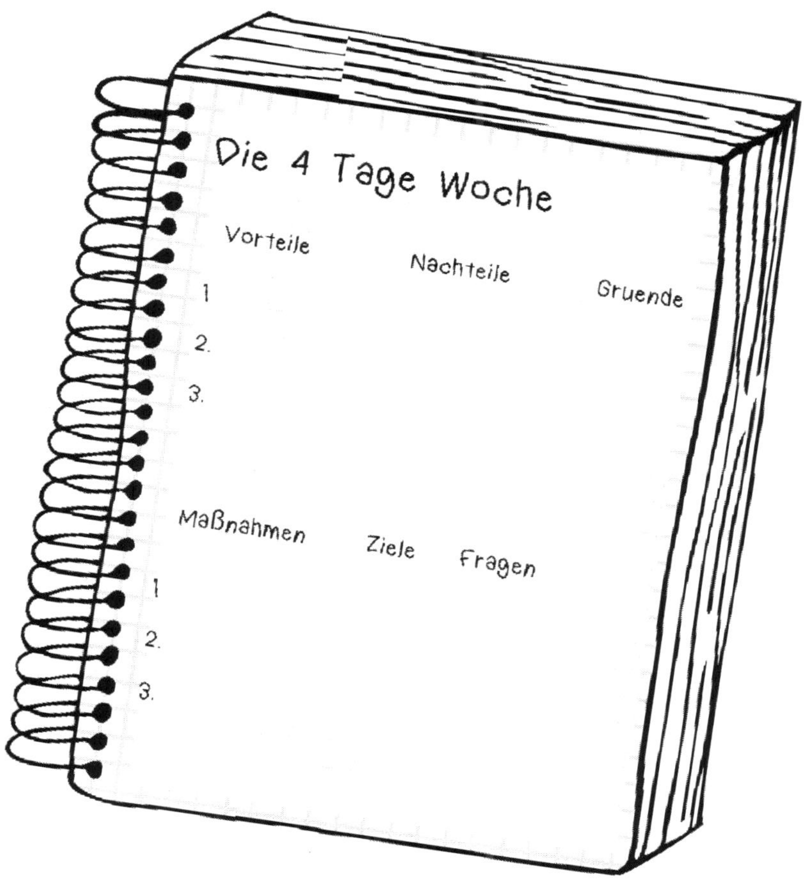

73. SCHREIBGESPRÄCH - GRUPPENINTERN

Definition:

Bei der Methode „Schreibgespräch“ kommunizieren die Schüler nonverbal miteinander. Die Gruppe hat ein großes Blatt Papier vor sich und kommuniziert lediglich schriftlich mit den Gruppenmitgliedern.

Voraussetzungen:

Lernchancen:

- Die Schüler erweitern ihre sozialen Kompetenzen durch nonverbale Kommunikation.
- Die Schüler werden im konzentrierten Arbeiten gefördert wie auch gefordert.
- Schüchterne und stille Schüler, die sich im Unterricht zurückhalten, werden in das Unterrichtsgeschehen einbezogen.
- In der Einstiegsphase kann die Methode das Vorwissen der Schüler aktivieren.
- Sie fördert die Kreativität und das Ideenreichtum der Schüler.

Durchführung:

- Jede Gruppe sitzt gemeinsam an einem Arbeitstisch. Auf den Arbeitstischen liegen große Poster, auf denen Fragen bzw. Aussagen notiert sind. Die Schüler verfassen zu diesen Fragen bzw. Aussagen kurze Kommentare. Die anderen Mitglieder lesen die Kommentare ihrer Mitschüler und sind nun aufgefordert, darauf weitere Aspekte hinzuzufügen oder ein Statement zu verfassen.
- Die Formulierung von Fragen auf dem Poster ist ebenso erlaubt.
- Das Schreibgespräch endet, wenn der Schreibfluss der Schüler abgenommen hat oder die vorgesehene Zeit abgelaufen ist.

- Darauf folgt die Phase des Austausches und der Vorstellung innerhalb der Gruppe.
- Anschließend endet das Schreibgespräch damit, dass sich zwei Gruppen aneinander ihre Ergebnisse vorstellen oder die Ergebnisse in der Klasse vorgestellt werden.

Tipps:

- Die Methode ist in nahezu jedem Fach einsatzbar.
- Statt zu schreiben, können die Schüler auch gemeinsam ein Bild malen (z. B. im Kunstunterricht).
- Vor Einsatz der Methode sollte den Schülern die Regel der Pflicht zum Schweigen klar kommuniziert worden sein.

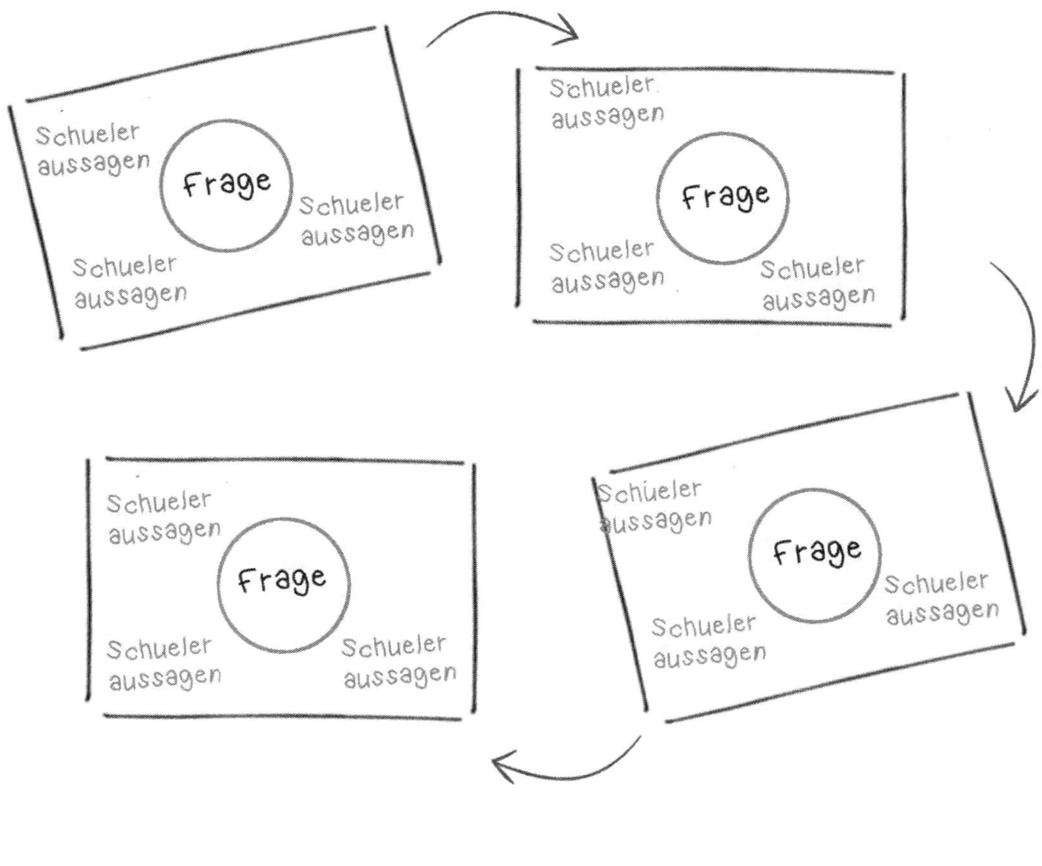

74. SCHREIBGESPRÄCH – WALK & WRITE

Definition:

Hierbei handelt es sich um eine abgewandelte Form des gängigen Schreibgespräches. Es ist die schriftliche Kommunikation von Schülern miteinander, indem sie anders als bei der herkömmlichen Variante zunächst in Einzelarbeit tätig sind, durch den Klassenraum laufen und überall da, wo es sich anbietet, einen Kommentar oder eine Frage hinterlassen. In einer stillen Atmosphäre beziehen Schüler schriftlich Stellung, kommentieren oder teilen schriftlich ihre Ansichten zu einem Thema oder zu einer Problemstellung.

Lernchancen:

- Diese Methode fördert den Meinungsaustausch innerhalb der Klassengemeinschaft.
- Sie entwickelt die Methoden- und Sozialkompetenz weiter.
- Alle Schüler werden aktiviert.

Voraussetzungen:

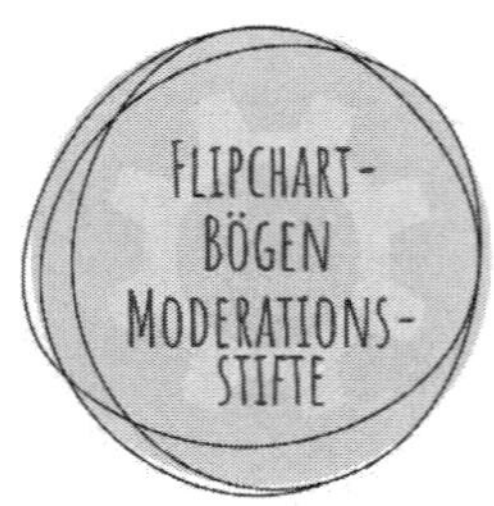

Durchführung:

- Der Lehrer stellt den Schülern ein Thema, einen Impulssatz oder eine provokante Aussage vor.
- Anschließend gliedern die Schüler das Thema in mehrere Thesen oder Fragestellungen, verschriftlichen diese auf Flipchart-Bögen oder Plakaten und legen sie auf mehreren Tischen aus.

- Daraufhin wandern Schüler von Tisch zu Tisch und schreiben ihre Stellungnahmen auf die Flipchart-Bögen. Die Stellungnahmen der Schüler werden dann von den Mitschülern schriftlich kommentiert. Die Kommentare werden wiederum von anderen kommentiert und / oder weiterentwickelt.

- Am Ende der Durchführung besteht jeder Flipchart-Bogen aus mehreren Kommentaren, Anmerkungen oder weiterentwickelten Ideen.

- Anschließend teilt der Lehrer die Schüler in Gruppen ein und lost jeder Gruppe einen Flipchart-Bogen zu.

- Die Schülergruppen werten nun die Flipchart-Bögen nach bestimmten Kriterien aus und erstellen in wenigen Sätzen eine Zusammenfassung.

Tipps:

- Die Schüler dürfen auch Zeichnungen oder Symbole hinterlassen, um ihre Intentionen zu verdeutlichen.

75. SCHÜLERPRÄSENTATION

Definition:

Eine Präsentation stellt eine Teamleistung dar, die mittels Medienunterstützung einen sprachlichen Vortrag darbietet. Paare oder Gruppen tragen ihre Präsentationen einem größeren Publikum vor.

Lernchancen:

- Die Schülerpräsentation erhöht neben der sozialen Kompetenz insbesondere die fachliche, kommunikative und methodische Kompetenz der Schüler.
- Eine gelungene Präsentation steigert das Selbstvertrauen der Schüler.

Voraussetzungen:

Durchführung:

- Die Schüler setzen sich als Paare oder kleinere Gruppen zusammen, um ihre Präsentationen vorzubereiten. Innerhalb der Gruppen organisieren sich die Schüler eigenständig.
- Nach einem erfolgreichen Erarbeitungsprozess folgt die gemeinsame Präsentation vor der Klasse.
- Im Anschluss geben die zuhörenden Schüler konstruktives Feedback. Der Lehrer sollte sich während der Präsentation Notizen machen.

Tipps:

- Die Schüler sollten Regeln zur Besprechung von Präsentation kennenlernen.
- Die Zuhörer sollten Wert darauflegen, dass positive Merkmale hervorgehoben werden.
- Der Lehrer wie auch die Schüler sollten die Präsentierenden nicht unterbrechen.

76. SITZKREIS

Definition:

Der Sitzkreis stellt die Begegnung von Schülern und der Lehrkraft in einer gemeinsamen Runde ohne Tische dar. Aufgrund ihrer Kommunikationsform ähnelt der Sitzkreis einer privaten Unterhaltung.

Voraussetzungen:

Lernchancen:

- Der Sitzkreis bietet eine angenehme Gesprächsatmosphäre für Schüler.
- Die Körpersprache, Mimik und Gestik treten in den Vordergrund.
- Lehrkraft wird zu einem partnerschaftlich agierenden Mitglied.
- Die soziale Kompetenz der Schüler wird gefördert.

Durchführung:

- Damit ein Sitzkreis erfolgreich stattfinden kann, werden die Tisch der ursprünglichen Sitzordnung weggeräumt. Die Schüler sitzen auf Stühlen, in gemeinsamer Runde und bilden einen Sitzkreis.
- Nun können je nach Ziel der Stunde bzw. der Unterrichtsphase Gespräche angeleitet werden, in denen der Lehrer moderierend tätig ist. Gleichwohl kann das Gespräch ausschließlich in Schülerhände gegeben werden, die nach vorher festgelegten Gesprächsregeln (= Metakommunikation) miteinander sprechen.

Tipps:

- Der Sitzkreis bietet sich insbesondere bei Unterrichtseinstiegen, Erfahrungsaustausch und Feedbackrunden an.
- Der Lehrer sollte Verhaltensregeln einführen, um den Lärmpegel zu minimieren.

77. SPEED-DATING

Definition:

Mehrere Schülerpaare unterhalten sich parallel innerhalb einer festgelegten Zeit über das jeweils gleiche Thema bzw. über die gleiche Fragestellung. Das Ziel der Methode ist es, in kurzer Zeit verschiedene Meinungen im Gespräch miteinander auszutauschen

Voraussetzungen:

Lernchancen:

- Speed-Dating fördert das aktive Zuhören und die gezielte Formulierung / Stellung von Fragen.
- Sie fördert die Akzeptanz und Toleranz von verschiedenen Meinungen.
- Sie trägt zum Kennenlernen der Schüler untereinander bei.
- Die kommunikative Fähigkeit, die Sozial- wie auch die Methodenkompetenz der Schüler werden weiterentwickelt.

Durchführung:

- Die Schüler bauen zwei Stuhlreihen auf. Hierbei ist es wichtig, dass sich jeweils zwei Schüler gegenübersitzen und sich während des Gesprächs anschauen.
- Der Lehrer erklärt die einzuhaltenden Regeln, wie z. B., dass nach seinem Zeichen ein Wechsel stattfinden wird.
- Anschließend stellt der Lehrer eine konkrete Frage bzw. verdeutlicht eine Problemstellung oder ein Diskussionsthema. Die sich gegenübersitzenden Schülerpaare beginnen nun mit dem Gespräch. Die Gespräche dauern ca. zwei bis fünf Minuten.
- Nach dem Signalzeichen des Lehrers rückt aus nur einer Stuhlreihe ein Schüler nach links. Die andere Stuhlreihe bleibt weiterhin bestehen.

- Nun sitzen sich zwei neue Schülerpaare gegenüber und es beginnt erneut ein Gedankenaustausch statt.
- Das Speed-Dating endet erst dann, wenn jeder mit jedem in der gegenübersitzenden Stuhlreihe gesprochen hat.
- Die Arbeitsergebnisse können anschließend stickpunktartig festgehalten werden, um diese anschließend im Plenum zu behandelt.

Tipps:

- Der Lehrer kann bei jedem Wechsel eine neue Frage formulieren.
- Während der Durchführung können die Schüler angehalten werden stichpunktartig Notizen festzuhalten.

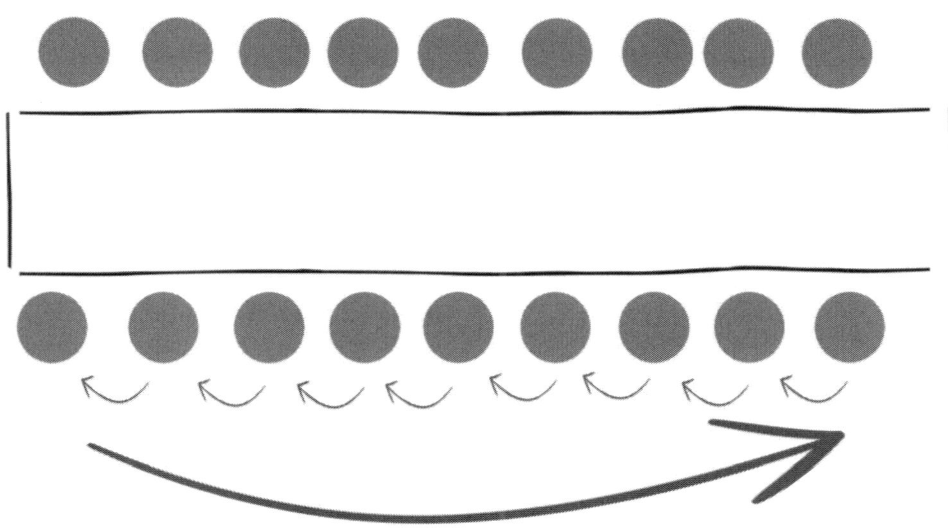

78. SKRIPT-KOOPERATION

Definition:

Die kooperative Lernmethode „Skript-Kooperation“ wird beim gemeinsamen Bearbeiten von Texten eingesetzt. Die Besonderheit der Methode liegt darin, dass Schülerpaare gemeinsam einen Text lesen, dieser wiederum nur von einem Schüler zusammengefasst, während der andere Schüler das Zusammengefasste im Hinblick auf etwaige Fehler gegenlesen wird.

Lernchancen:

- Diese Methode fördert die Kommunikationsfähigkeit der Schüler.
- Alle Schüler werden einbezogen.
- Sie fördert die Methoden- und Sozialkompetenz der Schüler.
- Die Fachkompetenz der Schüler wird in einem besonders hohen Maße angeregt.

Voraussetzungen:

Durchführung:

- Der Lehrer weist jedem Schüler einen Partner zu.
- Nun lesen die Schüler gemeinsam einen Text.
- Anschließend fasst nur ein Schüler (S 1) die Inhalte des Textes zusammen und reicht seine Zusammenfassung seinem Partner (S 2) weiter. Daraufhin korrigiert S 2 eventuelle Fehler und führt Ergänzungen durch.
- Die Schüler tauschen sich untereinander aus und überlegen gemeinsam, wie die Inhalte am besten internalisiert werden können.

- Im nächsten Schritt tauschen die Schüler ihre Rollen.

Tipps:

- Die Methode eignet sich besonders für Sprachen und für die Erarbeitung und Aneignung von Wissen.
- Der Lehrer kann die Texte nach leistungsschwachen und leistungsstarken Schülerpaaren differenzieren.

79. SPICKZETTELMETHODE

Definition:

Die kooperative Lernmethode „Spickzettelmethode“ eignet sich für die Erschließung von Texten sowie für die Zusammenfassung von Texten. Hierbei steht die Eigenverantwortlichkeit der Schüler im Fokus.

Voraussetzungen:

Lernchancen:

- Diese Methode fördert das Fachwissen und die Methodenkompetenz.
- Sie schult die gezielte Ausarbeitung und Zusammenfassung von Kerninhalten.
- Sie steigert die kommunikativen Fähigkeiten der Schüler.
- Sie fördert das aktive und achtsame Zuhören.
- Sie schult die Schüler in ihrem Verantwortungsbewusstsein.

Durchführung:

- Der Lehrer teilt den Schülern je einen Partner zu. Die Schülerpaare erhalten zwei verschiedene Sachtexte aus einem Oberthema. Sie entscheiden sich nun jeweils für einen eigenen Text.
- Anschließend bearbeiten die Schüler individuell den eigenen Text inhaltlich so auf, dass sie auf ca. fünf bis zehn Kernbegriffe reduziert werden kann. Dies stellt die Grundlage für den Spickzettel dar. Die Besonderheit hierbei ist, dass die Schüler auf ihre Spickzettel unbegrenzt viele und verschiedene Symbole oder Zeichnungen verwenden können.
- Anschließend geben die Schüler die wichtigsten Inhalte ihres Textes mit Hilfe des Spickzettels an ihre Partner weiter. Während des Zuhörens verschriftlicht der Partner die Inhalte auf seinem Spickzettel.
- Im letzten Schritt stellt einer der beiden Schüler den Inhalt beider Texte dem Plenum vor.

Tipps:

- Der Lehrer kann die Schüler auch in Dreiergruppen einteilen und drei Texte einreichen.
- Die Methode kann auch bei literarischen Texten Anwendung finden.

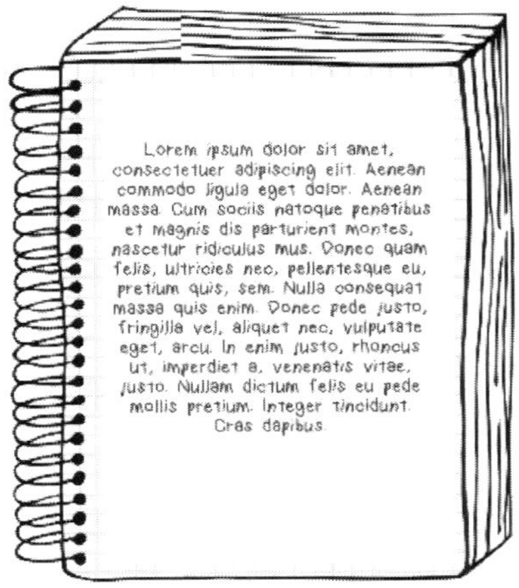

S1

1....
2...
3...
4...
5...
6...

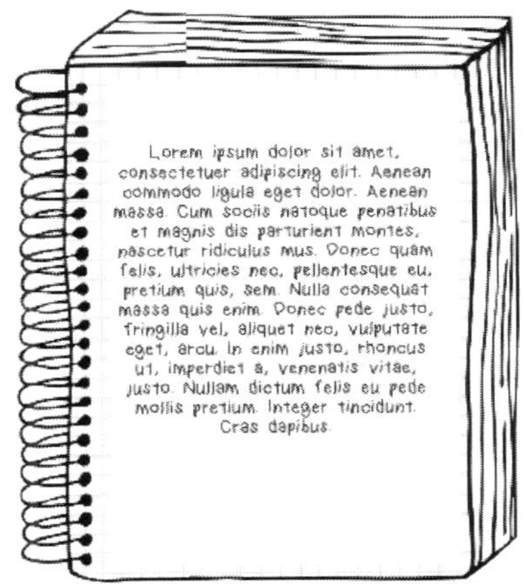

S2

1....
2...
3...
4...
5...
6...

80. STANDBILDER BAUEN

Definition:

Die Methode „Standbilder bauen“ bezeichnet die wortlose Darstellung von Sichtweisen bezüglich eines Themas oder eines Problems. Wie ein Bildhauer benutzt ein Schüler einen anderen Schüler, um Standbilder zu erstellen. Dabei teilt der Standbildbauer seine Gedanken bzw. seine Interpretation zum Thema mit, um diese im Anschluss zu diskutieren.

Voraussetzungen:

Lernchancen:

- Die Schüler werden in ihrer spielerischen Art des Lernens gefördert und gefordert.
- Die Methode fördert Kreativität der Schüler.
- Sie erhöht die Motivation zur Beteiligung aller Schüler.
- Sie schule die Schüler in ihrer Methoden- und Sozialkompetenz.

Durchführung:

- Der Lehrer teilt das Unterrichtsthema bzw. die Fragestellung mit.
- Die Schüler bestimmen nun einen Bildhauer, der die Aufgabe übernimmt, nach seinen Vorstellungen ein Standbild zu erbauen. Entsprechend der Vorstellungen des Bildhauers wählt er sich Mitschüler aus, die als bewegliche Puppen fungieren.

- Anschließend beginnt der Bildhauer seinen Mitschüler in die gewünschte Position zu bringen. Dabei wird ausschließlich über Gestik und Mimik kommuniziert. Des Weiteren dürfen Bildhauer auch Gegenstände als Elemente verwenden.

- Mit einem wortlosen Zeichen des Erbauers erstarren die Standbilder für etwa eine Minute.

- Anschließend bringen sich die bis dahin passiven Zuschauer ein und beobachten das Standbild. Nach einer angemessenen Zeit beginnen die Zuschauer mit der Beschreibung und Interpretation des Standbildes.

- Daraufhin berichten die „beweglichen Puppen" über ihre persönlichen Empfindungen.

- Die Methode endet mit der Stellungnahme des Bildhauers. Der Bildhauer wird gebeten seine Absichten zu erläutern.

Tipps:

- Der Lehrer weist die zuschauenden Schüler darauf hin, das während der Durchführung nicht gesprochen werden darf.

81. STATIONENLERNEN

Definition:

Das Stationenlernen bietet den Schülern verschiedene Lernarrangements an. Die Schüler erarbeiten zu einem Rahmenthema unterschiedliche Teilbereiche auf. Jede Station ist inhaltlich unterschiedlich aufbereitet und spricht die verschiedenen Lernkanäle der Schüler an.

Voraussetzungen:

Lernchancen:

- Die Schüler genießen in einem hohen Maße Mitbestimmungsrechte.
- Die Methode fördert das eigenverantwortliche und selbstständige Lernen.
- Sie ermöglicht eine innere Differenzierung für Leistungsstarke und Leistungsschwächere.
- Sie bietet den Schülern die Möglichkeit, sich frei im Raum wie auch in der Aufgabe zu bewegen.

Durchführung:

- Für eine gelungene Durchführung bereitet der Lehrer die einzelnen Stationen inhaltlich differenziert vor. Hierbei beachtet der Lehrer, dass verschiedene Lernkanäle der Schüler angesprochen werden und neben Pflicht- auch Wahlaufgaben angeboten werden.
- Der Lehrer bereitet die Schüler thematisch und organisatorisch auf das Stationenlernen vor. Der Ablauf und die Anforderungen werden den Schülern erläutert. Bei der Durchführung entscheiden die Schüler in Eigenregie über die Reihenfolge der Pflichtaufgaben und teilen ihre Zeit eigenständig ein. Während der Durchführungshase übernimmt der Lehrer eine Beobachterfunktion ein.
- Anschließend erfolgt die Präsentationsphase. Zu zweit oder in kleinen Gruppen präsentieren die Schüler ihre Arbeitsergebnisse.

- Abgeschlossen wird das Stationenlernen mit der Auswertungsphase.
- Unter der Anleitung des Lehrers werden die Ergebnisse gefestigt.

Tipps:

- Es ist besonders vorteilhaft, wenn Materialien aus dem Schulbuch entnommen werden können.
- Es wird den Schülern die Möglichkeit geboten, selbst die Stationen nach vorher definierten Regeln mitzugestalten.
- Die Methode kann bei ganz- und / oder mehrtägigen Veranstaltungen zum Einsatz kommen.

82. STEH AUF UND TAUSCHE AUS

Definition:

Die Methode „Steh auf und tausche aus“ ist eine kooperative Lernmethode, die bei der Ergebnissicherung alle Schüler einbezieht. Die Methode löst gängige Muster der üblichen Schülermeldungen mittels eines Handzeichens auf.

Voraussetzungen:

Lernchancen:

- Die Methode fördert die Methoden- und Sozialkompetenz der Schüler.
- Alle Schüler werden beteiligt.
- Sie schult die kommunikativen Fähigkeiten der Schüler.
- Schüler übernehmen Verantwortung für ihre Ergebnisse.
- Die Motivation der Schüler wird besonders gestärkt.

Durchführung:

- Für die Durchführung stellt der Lehrer dem Plenum eine Frage, welche die Schüler beantworten sollen. Der Lehrer gewährt den Schüler ausreichend Bedenkzeit und fordert anschließend die Schüler dazu auf, aufzustehen.
- Der Lehrer bittet einen anderen Schüler, seine Antwort zu nennen. Daraufhin setzt sich der Schüler erneut hin. Alle Schüler, die die gleich oder eine sehr ähnliche Antwort gegeben hätten, setzten sich ebenfalls wieder hin. Doch vorher haben sie die Aufgabe kurze Erklärungen oder Ergänzungen zum Gesagten vorzunehmen.
- Daraufhin bittet der Lehrer den nächsten Schüler, seine Antwort der Klasse mitzuteilen und folgt dem oben beschriebenen Prozedere.
- Der Lehrer wiederholt diesen Vorgang solange, bis alle Schüler erneut sitzen.

- Abschließend folgt ein auswertendes Unterrichtsgespräch.

Tipps:

- Die Methode eignet sich besonders gut zur Besprechung von Ansichten und Werten sowie zur Fokussierung von Fragen, die unterschiedliche Lösungsmöglichkeiten anbieten.

83. STREITGESPRÄCH MIT GRUPPENSCHUTZ

Definition:

Diese Methode bietet den Schüler die Chance, eigene Meinung zu vertreten und die Anmerkungen bzw. Hinweise der Gruppenmitglieder in die Diskussion einzubeziehen.

Voraussetzungen:

Lernchancen:

- Diese Methode fördert die Diskussionsfähigkeit der Schüler.
- Sie geht mit Toleranz und Akzeptanz von anderen Meinungen bzw. Ansichten einher.
- Sie schule die Sozial- und Methodenkompetenz der Schüler.
- Die Schüler werden in ihrer Empathiefähigkeit gestärkt.
- Die Kommunikationsfähigkeit wird gefördert.

Durchführung:

- Der Lehrer bietet den Schüler ein Thema an, zu dem möglichst verschiedene und kontroverse Meinungen gefunden werden können. Zu jeder kontroversen Meinung findet sich ein Schüler, der die Meinung vertreten kann bzw. will.
- Alle Meinungsvertreter setzen sich in einen Kreis. Die anderen Mitschüler setzen sich hinter dem Meinungsvertreter, dessen Meinung sie zustimmen können.
- Daraufhin kann das Streitgespräch beginnen.
- Nach ca. zehn Minuten Streitgespräch wird eine Beratungspause eingelegt. Alle Meinungsvertreter tauschen sich mit ihren Gruppen aus, um neue Argumente zu sammeln sowie taktische Ratschläge zu erhalten.
- Anschließend beginnt die nächste Runde des Streitgesprächs.

- Nach ca. drei bis vier Runden endet das Streitgespräch.
- Abschließend erfolgt eine Evaluation im Plenum.

Tipps:

- Bei der Themenfindung kann der Lehrer die Schüler ebenfalls einbeziehen.
- Nach einer Beratungspause können die jeweiligen Meinungsvertreter ausgetauscht werden.

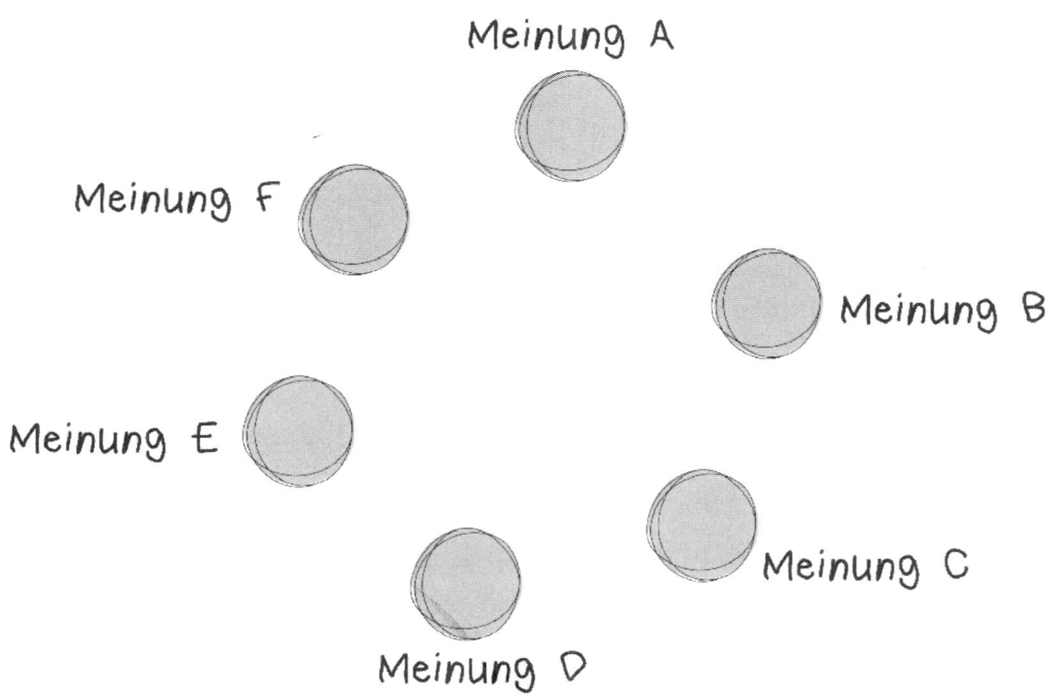

84. THESEN REGEN AN

Definition:

Die Methode „Thesen regen an“ bietet sich besonders für politische Sachverhalte und als Grundlage für tiefgründige Argumentationen an. Sie eignet sich zur Bildung von Meinungen und Betrachtungen von Aspekten aus unterschiedlichen Blickwinkeln.

Voraussetzungen:

Lernchancen:

- Die Methode fördert das analytische Denken.
- Sie schult die Schüler in ihrer Methoden- und Sozialkompetenz.
- Das kritische Denkvermögen und der Perspektivwechsel der Schüler werden gestärkt.
- Sie fördert die Kommunikationsfähigkeit und Kompromissbereitschaft der Schüler.

Durchführung:

- Der Lehrer fordert die Schüler dazu auf, viele unterschiedliche Meinungen und Standpunkte zu einem kontroversen Thema einzusammeln.
- Anschließend erhalten die Schüler den Auftrag, diese Meinungen oder Standpunkte in komprimierten Sätzen oder Thesen zu formulieren.
- Im nächsten Schritt verschriftlichen die Schüler ihre Sätze bzw. Thesen auf einzelnen Karten.
- Der Lehrer teilt nun die Schüler in Gruppen ein und ordnet jeder Gruppe gleich viele Karten zu. Die Schüler lesen sich die verschiedenen Thesen durch und überlegen sich eine Reihenfolge, in welcher die Haltung bzw. Ansicht der Gruppe zum Ausdruck kommt. Elementare

Thesen oder Thesen, die von allen Gruppenmitgliedern unterstützt werden, können als Fundament dienen, während die übrigen Thesen an den Rand platziert werden. Am Ende entsteht ein mit diesem Verfahren „Thesen-Bild".

- Im letzten Schritt wird das Ergebnis auf ein Plakat angebracht und vom Plenum gedeutet, ergänzt und interpretiert.

Tipps:

- Der Lehrer sollte die Schüler dazu ermuntern, das gesamte Spektrum an Ansichten zu dem Thema zu berücksichtigen, um sie entsprechend des Beutelsbacher Konsenses zu schulen.

85. THESEN REGEN AN UND AUF

Definition:

Diese Methode wird auch als „Thesen Story" bezeichnet. Das Ziel der Methode liegt darin, aus zufällig ausgewählten unterschiedlichen Thesen eine Geschichte oder einen Bericht zu erstellen. Hierbei werden einzelne Thesen, die zueinander passen oder sich widersprechen, zu einer Geschichte verbunden.

Voraussetzungen:

Lernchancen:

- Die Kreativität der Schüler wird in einem besonders hohen Maße angeregt.
- Die Schüler werden im Verantwortungsbewusstsein geschult.
- Die Methode impliziert die Teilnahme aller Schüler.
- Sie fördert die Methoden- und Sozialkompetenz der Schüler.

Durchführung:

- Der Lehrer teilt die Schüler in Gruppen ein. Aus jeder Gruppe zieht je ein Schüler sechs Karten mit unterschiedlichen Thesen (= sechs Karten pro Gruppe). Die Schüler erhalten nun den Auftrag, aus den unterschiedlichen Thesen eine Geschichte zu erstellen. Dabei ist es den Schülern erlaubt, zwei Karten, die als ungeeignet erscheinen, zurückzulegen und anstelle dessen zwei neue Karten zu ziehen.
- Dieser Vorgang wird viermal durchgespielt. Danach wird eine Karte zurückgegeben.
- Die Gruppe, die mit fünf Karten eine aussagekräftige und zusammenhängende Geschichte erstellt, hat gewonnen. Den zweiten Platz belegt die Gruppe, die mit vier Karten eine zusammenhängende Geschichte erstellt hat.

Tipps:

- Falls mehrere Gruppen, mit fünf Karten eine aussagekräftige und zusammenhängende Geschichte erstellen, kann das Plenum die beste Geschichte demokratisch wählen.

- Hinsichtlich der Platzierungen sind der Kreativität des Lehrers als auch der Klasse keinerlei Grenzen gesetzt. Der Lehrer sollte lediglich darauf Acht geben, die Kriterien für den Sieg vor Beginn des Arbeitsprozesses transparent zu vermitteln.

Thesen-Raster

++ *stimme sehr zu*
\+ *bin weitgehend einverstanden*
0 *Dazu habe ich keine Meinung*
++ *bin nicht einverstanden*
\- *lehne entschieden ab*

	++	+	0	-	--

86. TEAM MIND-MAP

Definition:

Die Methode „Team Mind-Map“ stellt ein Hilfsmittel dar, um den Schülern visuell Konzepte zu veranschaulichen oder gemeinsam mit ihnen Konzepte zu erstellen.

Voraussetzungen:

Lernchancen:

- Die Methode fördert die Methoden-, Sozial- und Fachkompetenz der Schüler.
- Sie aktiviert das Vorwissen der Schüler.
- Die Kreativität der Schüler wird gestärkt.

Durchführung:

- Der Lehrer teilt die Schüler in Gruppen ein und händigt jeder Gruppe einen Flipchart-Bogen zu und teilt dabei den Schülern das Thema mit.
- Die Schüler verschriftlichen den Kernbegriff bzw. das Thema in der Mitte des Flipchart-Bogens.
- Im nächsten Schritt wenden die Schüler die Methode „Round Robin“ an und verschriftlichen anschließend ihre ersten Teilbegriffe bzw. Teilkonzepte auf dem Bogen. Für die Verschriftlichung verwenden die Schüler mehrfarbige Stifte, wobei darauf Acht zu geben ist, dass jeder Schüler eine eigene Farbe erhält.

- In der nächsten Phase ziehen die Schüler Verbindungslinien und fügen individuell Teilkonzepte hinzu. Die unterschiedlichen Farben stellen eine Vernetzung der Beiträge jedes einzelnen Schülers dar.
- Die Ergebnisse werden abschließend im Plenum zusammengetragen und diskutiert.

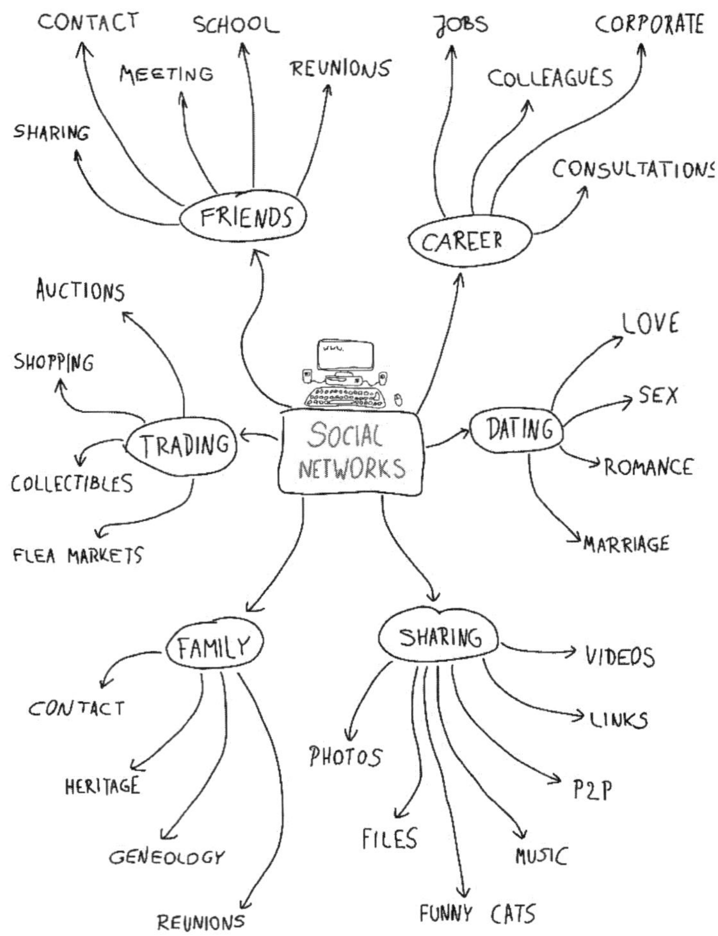

Tipps:

- Die individuell zugeordneten Farben stellen eine Form der Ansprechbarkeit dar, um unkompliziert zu erkennen, wer welchen Beitrag geleistet hat.
- Die Methode eignet sich besonders gut als Einstieg in ein neues Thema.
- Als eine weitere Variante der Methode können die Schüler individuell eine eigene Mind-Map erstellen, diese in Gruppen vergleichen, um im Anschluss eine gemeinsame Team Mind-Map zu erstellen.

87. THINK-PAIR-SHARE

Definition:

Die kooperative Lernmethode „Think-Pair-Share“ bedeutet: Allein nachdenken, sich mit einem Partner austauschen und anschließend Ergebnisse dem Plenum / der Großgruppe vorstellen.

Voraussetzungen:

Lernchancen:

- Die Methode Think-Pair-Share ermöglicht eine große Bandbreite an Lösungsansätzen.
- Die Pair-Phase bietet insbesondere schüchternen Schülern Sicherheit, da sie sich mit ihrem Partner austauschen.
- Leistungsstarke Schüler fordern und fördern leistungsschwache Schüler.
- Die Schüler können zuerst individuell und anschließend gemeinsam komplexere Themen erarbeiten.
- Es erfolgt eine gegenseitige Unterstützung bei der Aufgabenbewältigung.

Durchführung:

- Die Schüler erhalten Materialien / Aufgaben zur Bearbeitung. Die Besonderheit der Think-Pair-Share Methode liegt darin, dass sich zuerst jeder Schüler individuell mit der Thematik / Aufgabenstellung auseinandersetzt.
- Der Austausch mit einem Partner ist in der Think-Phase nicht erlaubt. Im Anschluss folgt die Pair-Phase.
- In Zweiergruppen tauschen sich die Schüler über ihre Ergebnisse aus, um diese anschließend der Großgruppe / Klasse (Share-Phase) vorzustellen.

Tipps:

- Die Methode kann schnell und unkompliziert durchgeführt werden.
- Nur bei ungerader Schülerzahl sollte eine Dreierkonstellation erlaubt werden.
- Die Methode ist in jedem Fach und nahezu bei jeder Aufgabenstellung durchführbar.
- In der Pair-Phase sollten die Schüler angeregt werden, sich gegenseitig zu ergänzen bzw. zu kontrollieren.
- Für die Think- und Pair-Phase sollten in der Regel 5 bis 10 Minuten, für die Share-Phase 10 bis 15 Minuten kalkuliert werden.

88. THINK-PAIR-SQUARE-SHARE

Definition:

Die kooperative Lernmethode „Think-Pair-Square-Share“ stellt eine Erweiterung der „Think-Pair-Share“ Methode dar. Die Phase „Square“ wird als Zwischenschritt eingebaut. Nach der Pair-Phase erfolgt der Austausch innerhalb der Gruppe und im Anschluss darauf folgt die Vorstellung vor der Klasse.

Voraussetzungen:

Lernchancen:

- Die Schüler tragen für die Arbeitsergebnisse gemeinsam Verantwortung.
- Es erfolgt eine gegenseitige Unterstützung bei der Aufgabenbewältigung.
- Die Methode steigert die Schülersicherheit, da Ergebnisse in einen geschützten Raum, also innerhalb der Vierergruppe zuerst präsentiert werden.
- Leistungsstarke Schüler fordern und fördern leistungsschwache Schüler.
- Die Schüler können zuerst individuell und anschließend gemeinsam komplexere Themen erarbeiten.

Durchführung:

- Genau wie bei der Think-Pair-Share Methode erfolgt hier zuerst die individuelle Auseinandersetzung mit den Materialien / Aufgaben.
- Im Anschluss folgt der Austausch mit dem Partner. Es kommt hier zu einer wechselseitigen Kontrolle bzw. Ergänzung der erarbeiteten Inhalte mit dem Partner.
- Daraufhin folgt die Square-Phase. Hier verbinden sich je zwei Paare zu einer Vierergruppe.
- Jeder Schüler stellt die Arbeitsergebnisse seines Partners vor und stellen diese anschließend in der Share-Phase der Klasse vor.

Tipps:

- Die Methode kann schnell und unkompliziert durchgeführt werden.
- Nur bei ungerader Schülerzahl sollte eine Dreierkonstellation erlaubt werden.
- Die Methode ist in jedem Fach und nahezu bei jeder Aufgabenstellung durchführbar.
- In der Pair-Phase sollten die Schüler angeregt werden, sich gegenseitig zu ergänzen bzw. zu kontrollieren.
- Für die Think-, Pair- und Square-Phase sollten in der Regel 5 bis 10 Minuten, für die Share-Phase 10 bis 15 Minuten kalkuliert werden.

89. DAS VENN DIAGRAMM

Definition:

Das Venn Diagramm wird als Grundlage einer kooperativen Partnerarbeit verwendet. Es stellt eine Zeichnung von sich überlappenden Kreisen dar. Ziel ist es, eine gemeinsame Schnittmenge zu einem vorgegebenen Thema zu ermitteln.

Voraussetzungen:

Lernchancen:

- Die Schüler erweitern ihre Sozialkompetenz.
- Es erfolgt eine verbale als auch nonverbale Kooperation.
- Die Methode fördert die individuelle Denkphase.
- Alle Schüler müssen aktiv mitwirken.
- Sie fördert von der ersten Phase an stilles und konzentriertes Arbeiten.

Durchführung:

- Die Lehrkraft verteilt ein vorbereitetes Blatt mit einer Venn Diagrammzeichnung. Jedem Schülerpaar stehen zwei Felder zur Verfügung. Die Schüler verschriftlichen ihre individuellen Gedanken, Gefühle sowie Meinungen zu einem vorgegebenen Thema in das Venn Diagramm ein. Dabei dürfen die Schüler das Blatt hin- und herschieben und Bezug zu den Notizen des Partners nehmen. Somit erfolgt in dieser Phase eine nonverbale Kooperationsphase.
- Anschließend stellen sich die Schüler ihre Notizen gegenseitig vor.
- Im letzten Schritt füllen die Schülerpaare gemeinsam das überlappende Feld aus.

Tipps:

- Vor Einführung des Venn Diagramms sollten die Schüler ein grundlegendes Vorwissen zum entsprechenden Thema mitbringen.
- Zwischen der individuellen Nachdenkphase und des Ausfüllens des Gemeinschaftsfeldes sollte möglichst eine Progression stattfinden.

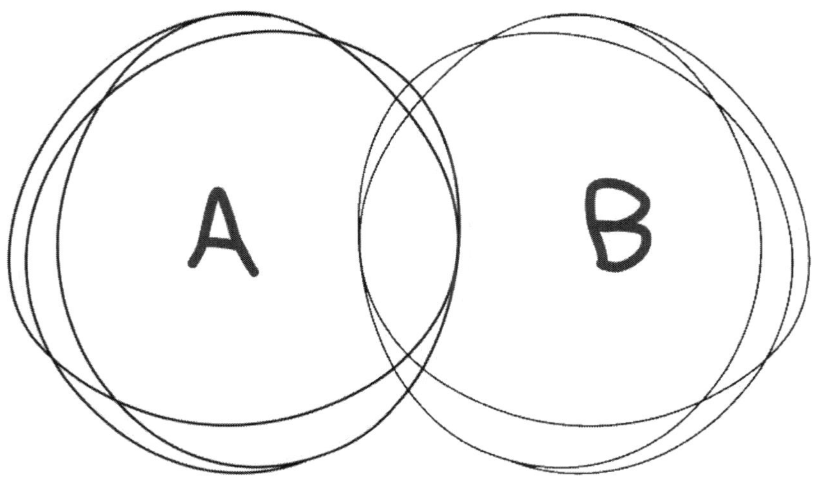

90. VIER-ECKEN-METHODE

Definition:

Die Vier-Ecken-Methode bietet den Schüler den Anreiz, verbindlich zu einem provokativen Statement oder konträren Thema eine Position zu beziehen und somit eine Meinung zu bilden.

Voraussetzungen:

Lernchancen:

- Die Vier-Ecken-Methode fördert die Selbstreflexion der Schüler zu einem bestimmten Thema.
- Die Schüler werden dazu angeregt, sachlich ihre Positionen zu vertreten und zu begründen.
- Sie fördert die Diskussionskompetenz der Schüler.

Durchführung:

- Der Lehrer wählt ein Thema aus, welches verschiedene Sichtweisen erlaubt.
- Anschließend hängt der Lehrer ein Bild oder eine Aussage zum ausgewählten Thema in jede Ecke des Raumes auf. Die Schüler ordnen sich jener Aussage bzw. jenem Bild zu, der ihrer persönlichen Meinung am Nächsten liegt, indem sie sich in die entsprechende Ecke des Unterrichtsraumes stellen.
- In jeder Ecke des Raumes treffen sich nun jene Schüler, die die gleiche Meinung vertreten. Dort diskutieren die Schüler ihre Meinungen und begründen ihre Aussagen und Positionen.
- Abgeschlossen wird die Vier-Ecken-Methode mit einer Plenumsdiskussion, in der die verschiedenen Standpunkte diskutiert werden können.

Tipps:

- Die Methode ist besonders geeignet zu Beginn oder zum Ende eines kontroversen Themas oder als Aktivierung von Vorwissen.

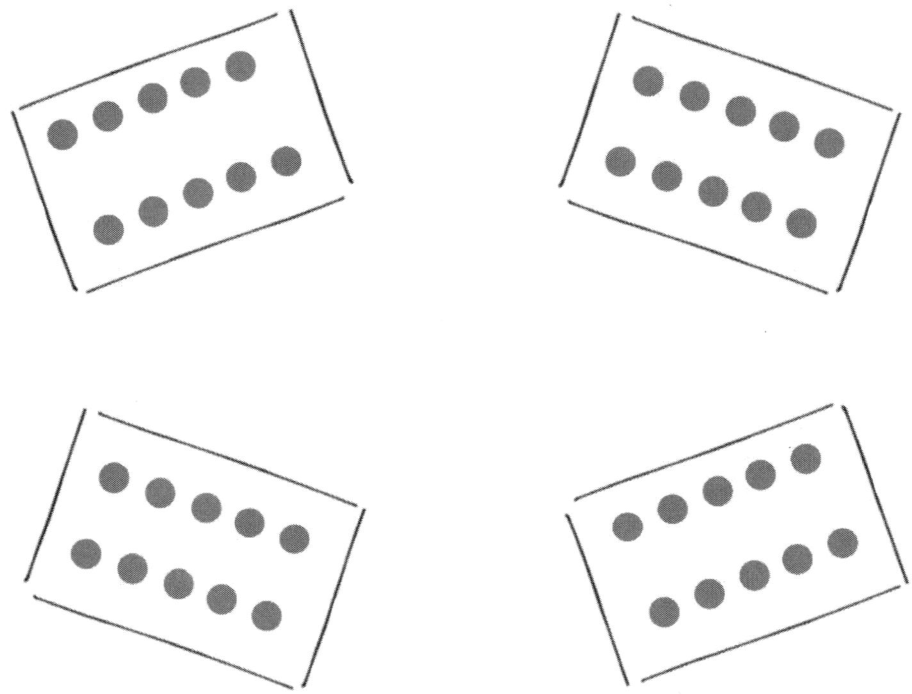

91. VON DER BILDERGESCHICHTE ZUR GEMEINSAMEN UNTERRICHTSPLANUNG

Definition:

Diese Methode wird nach einem rotierenden Partnergespräch eingesetzt. Die Schüler ordnen ihre Bilder in eine Reihenfolge, mit dem Ziel, eine Bildgeschichte zu einem bestimmten Thema zu erstellen.

Voraussetzungen:

Lernchancen:

- Die Methode fördert die kommunikativen Fähigkeiten der Schüler.
- Die Methoden- und Sozialkompetenz wird gesteigert.
- Der Perspektivwechsel wird in den Fokus gerückt.
- Es kommt zu einer Erhöhung der Schülermotivation, da sich alle Schüler in die Gestaltung der Unterrichtsplanung einbringen.

Durchführung:

- Der Lehrer teilt die Schüler in Gruppen ein und fordert die Schüler dazu auf, eine aussagekräftige Anreihung von Bildern zu erstellen, um eine Bildgeschichte zu einem Thema zu erstellen. Dabei können die Schüler Untertitel für die einzelnen Bilder der Bildgeschichte entwickeln.
- Anschließend bestimmen die Schüler einen der die Bildgeschichte dem Plenum präsentiert.
- Nach der Präsentation kehren die Schüler zurück zu ihren Gruppen, um fünf Themen bzw. Fragen zu erstellen, die im Zusammenhang mit dem Thema wichtig sind.
- In einem letzten Schritt werden alle Themen der Gruppen zusammengetragen, geclustert und mit Überschriften versehen.

Tipps:

- Innerhalb der Gruppe können sich die Schüler auf ein oder zwei wesentliche Bilder einigen, um nur diese im Anschluss vorzutragen.

92. VON DER POSITIONSLINIE ZUR STREITLINIE

Definition:

Die Schüler nehmen eine Position zu einem Thema oder zu einer Fragestellung ein und visualisieren sie entlang einer Positionslinie. Ziel der Methode ist die Bildung einer Streitlinie, um ein Streitgespräch zu führen.

Voraussetzungen:

Lernchancen:

- Die Kommunikationsfähigkeit der Schüler wird gestärkt.
- Die Methoden- wie auch Sozialkompetenz wird weiterentwickelt.
- Die Diskussionsbereitschaft der Schüler wird gefördert.
- Die Schüler werden darin geschult, andere Ansichten zu einem Thema oder zu einer Fragestellung anzuerkennen und Perspektiven anderer zu respektieren.

Durchführung:

- Zu einer Frage oder These positionieren sich zwei Gruppen an zwei gegenüberliegenden Wänden.
- Während die eine Gruppe aus Befürwortern besteht, besteht die entgegensetzte Gruppe aus Vertretern der Contra-Seite.
- Jede Gruppe diskutiert untereinander das Argument für ihre jeweilige Sichtweise und stellt Begründungen auf.
- Anschließend stellen sich die Schüler entlang der Wände in zwei Linien auf. Im Wechsel stellen die Pro- und Contra Seiten ihre Positionen dar. Der Lehrer sollte die Schüler darauf hinweisen, die Argumente kurz und knapp zu halten, um ein Streitgespräch anzuregen.

- Nach Ende des Streitgesprächs nehmen die Schüler erneut Position auf der Positionslinie auf. An dieser Stelle können sich Schüler neu positionieren, wenn sich ihre Ansichten geändert haben oder die Schüler nehmen ihre Ausgangsposition erneut ein.

Tipps:

- Der Lehrer sollte darauf achten, dass möglichst alle Schüler involviert werden und sich niemand im Schutz der Gruppe zurückzieht.
- Um ein anregendes Streitgespräch zu etablieren, sollten im Vorfeld Streitregeln festgelegt werden, die für alle gleichermaßen verbindlich gelten.

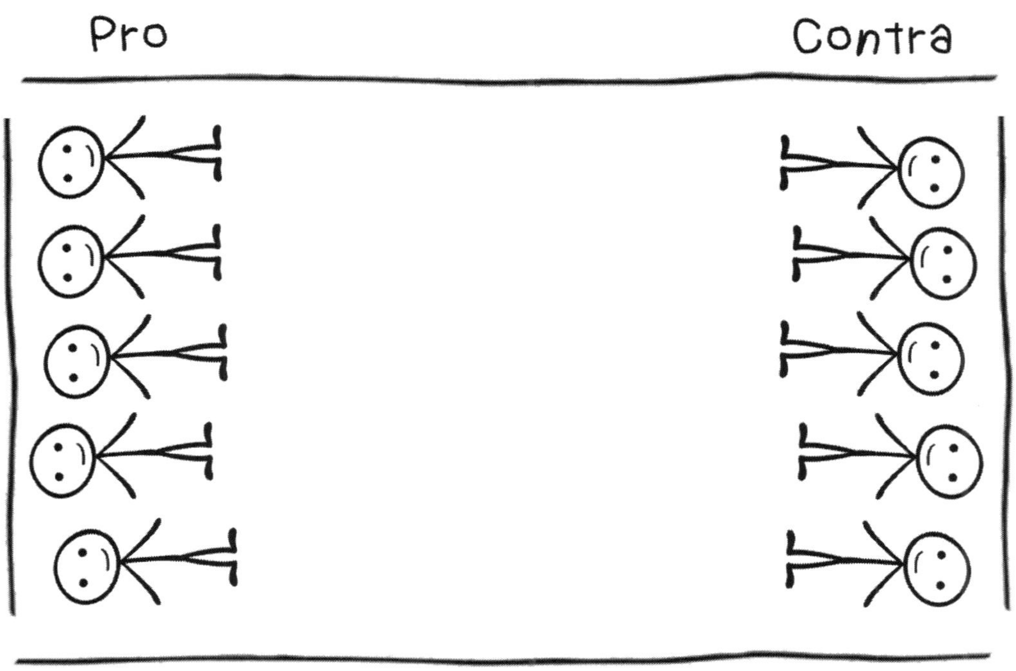

93. WAS FÄLLT EUCH EIGENTLICH EIN?

Definition:

Die Methode bietet eine Möglichkeit, Themen aus verschiedenen Bereichen aus Gesellschaft oder Politik zu besprechen, um Meinungen oder Ansichten auszutauschen.

Voraussetzungen:

Lernchancen:

- Die Methode unterstützt die Schüler in ihrer Kommunikationskompetenz.
- Sie schult die Schüler hinsichtlich der Methoden- und Sozialkompetenz.
- Alle Schüler werden involviert und müssen zum Unterrichtsgeschehen beitragen.

Durchführung:

- Ausgehend vom Unterrichtsthema bietet der Lehrer einen Impuls, mittels eines Satzanfangs an. Der Satzanfang beinhaltet einen zentralen Begriff des Unterrichtsthemas.
- Daraufhin sind die Schüler dazu aufgefordert, schriftlich den Satz zu Ende zu führen und weitere Impulse oder Begrifflichkeiten festzuhalten.
- Anschließend tauschen die Schüler mittels eines rotierenden Partnergesprächs ihre Sätze und Begriffe untereinander aus. Nach ca. drei bis vier Durchgängen teilt der Lehrer die Schüler in Gruppen ein.
- In Gruppen einigen sich die Schüler auf die Begrifflichkeiten, die von besonderer Bedeutung für das Thema sind.
- Die Gruppen präsentieren ihre Ergebnisse, um diese im nächsten Schritt gemeinsam für die weitere Bearbeitung des Themas einzusetzen.

Tipps:

- Schwache Lerngruppen können mit Hilfsmaterialien unterstützt werden.

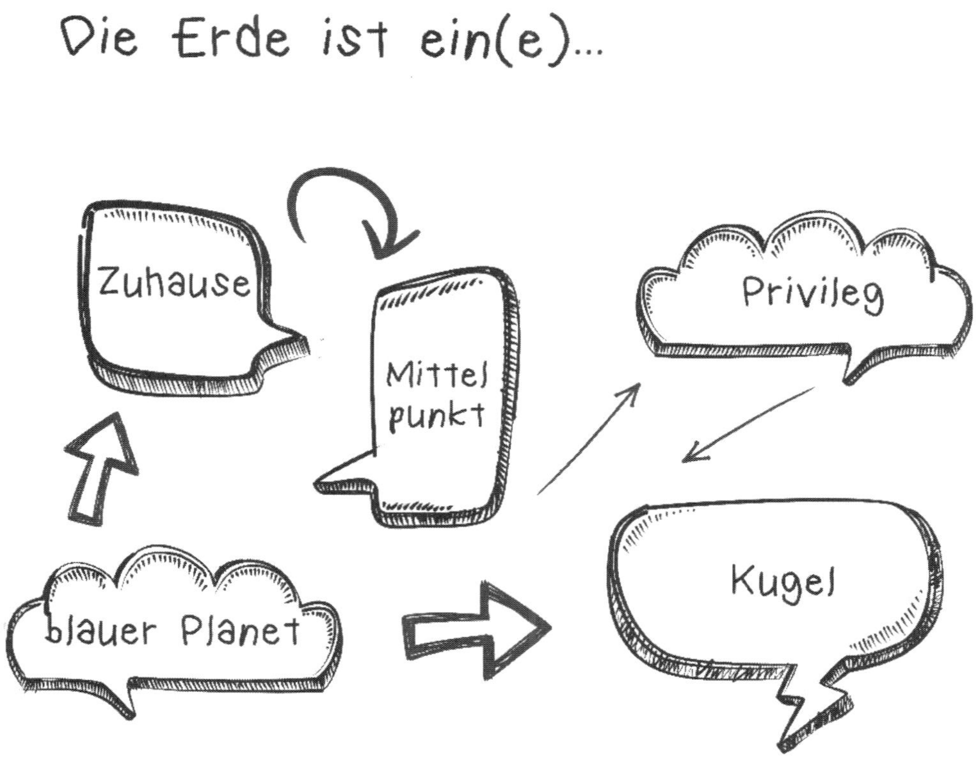

94. WANDSPEICHER

Definition:

Die Wandspeicher-Methode ist eine Moderationsmethode, die dazu beiträgt, dass der Lernprozess der Schüler gefördert wird, indem sie mehr Verantwortung für das Gelingen der Aufgabenstellung übernehmen.

Voraussetzungen:

Lernchancen:

- Der Wandspeicher aktiviert das Vorwissen der Schüler.
- Die Schüler übernehmen die Verantwortung für ihren Lernprozess.
- Er fördert die Selbstreflexion.
- Es wird eine positive Gruppendynamik erzeugt.

Durchführung:

- Der Lehrer verteilt den Schülern je zwei Moderationskarten in der gleichen Farbe sowie Moderationsstifte und erklärt die Regeln zur Kartenbeschriftung.
- Der Lehrer stellt eine W-Frage in der Ich-Form. Diese Frage wird an einer Pinnwand visualisiert. Nach ca. drei bis fünf Minuten Bearbeitungszeit fordert der Lehrer, die Schüler auf, ihre Moderationskarten an die Pinnwand zu hängen (dies sollten die Schüler möglichst alle gemeinsam machen).
- Daraufhin liest der Lehrer alle Karten vor und fordert die Schüler dazu auf, bei Bedarf Nachfragen zu stellen.
- Anschließend fordert der Lehrer alle Schüler dazu auf, gemeinsam die Karten nach Kategorien zu clustern.
- Abschließend nehmen die Schüler Stellung zu den Karten.

Tipps:

- Die Methode eignet sich besonders gut als Einstieg in ein neues Thema.
- Bei Bedarf kann der Lehrer den Schülern eine weitere Moderationskarte aushändigen.

95. WARMER RÜCKEN

Definition:

Die Methode „Warmer Rücken" stellt eine konstruktive Feedback-Methode dar. Hierbei reflektieren sich die Gruppenmitglieder gegenseitig.

Lernchancen:

- Diese Methode fördert die Methoden- und Sozialkompetenz der Schüler.
- Sie schult sie in ihrem Verantwortungsbewusstsein.
- Sie trägt in einem besonderen Maße zur gegenseitigen Wertschätzung bei.

Voraussetzungen:

Durchführung:

- Nach Abschluss einer Gruppenarbeitsphase fordert der Lehrer die Gruppenmitglieder dazu auf, sich ein Blatt Papier herauszunehmen.
- Anschließend erteilt der Lehrer den Auftrag, etwas auf das Blatt Papier auf dem Rücken eines Gruppenmitglieds zu verschriftlichen. Dabei gehen die Gruppenmitglieder auf folgende Bereiche ein: „Was magst du besonders an deinem Mitschüler? Was kann dein Mitschüler besonders gut? Was hast du von deinem Mitschüler gelernt?"
- Nachdem die Gruppenmitglieder sich gegenseitig Feedback gegeben haben, können die Aussagen einander vorgestellt und einzelne bei Bedarf vertieft werden.

Tipps:

- Die Methode eignet sich besonders dann, wenn sich die Gruppenmitglieder bereits kennen.
- Der Lehrer kann zu einer Etablierung und Festigung des Kooperationsgefühls die Methode regelmäßig einsetzen.

96. WERBESLOGAN

Definition:

Die Werbeslogan-Methode ermöglicht den Schülern, wesentliche Inhalte in kurzer und prägnanter Form für andere Schüler zusammenzufassen

Lernchancen:

- Sie fördert die Sozialkompetenz und Kreativität der Schüler.
- Die Methode ermöglicht einen Perspektivwechsel und das kritische Denkvermögen.

Voraussetzungen:

15-30 MIN

2 PERSONEN

TAFEL, FLIPCHART, UNTERRICHTS-MATERIAL

Durchführung:

- Der Lehrer trägt den Schülern paarweise einen Inhalt zu einem Thema vor, z. B. einen Text oder einen Ausschnitt eines Interviews.
- Anschließend erhalten die Schülerpaare den Auftrag, die wesentlichen Informationen aus dem Text zusammenzufassen und die Perspektive ihrer Klassenkameraden einzunehmen, um zu verstehen, welche Inhalte für ihre Klassenkameraden wichtig sein könnten.
- Daran anknüpfend erstellen die Schüler einen Werbeslogan. Dieser sollte den Inhalt nachvollziehbar, kurz und anschaulich sowie zusammenfassend wiedergeben.
- Die Schülerpaare stellen ihre Werbeslogans im Plenum vor und begründen ihre Vorgehensweise / Entscheidungen.

Tipps:

- Da dies eine anspruchsvolle Aufgabe darstellt, sollte den Schülern bei Bedarf mehr Zeit gewährt werden.

- Die Werbeslogans können als Einstieg in die nächste Unterrichtsstunde verwendet werden.

- Der Lehrer ist moderierend tätigt und zieht sich weitestgehend zurück.

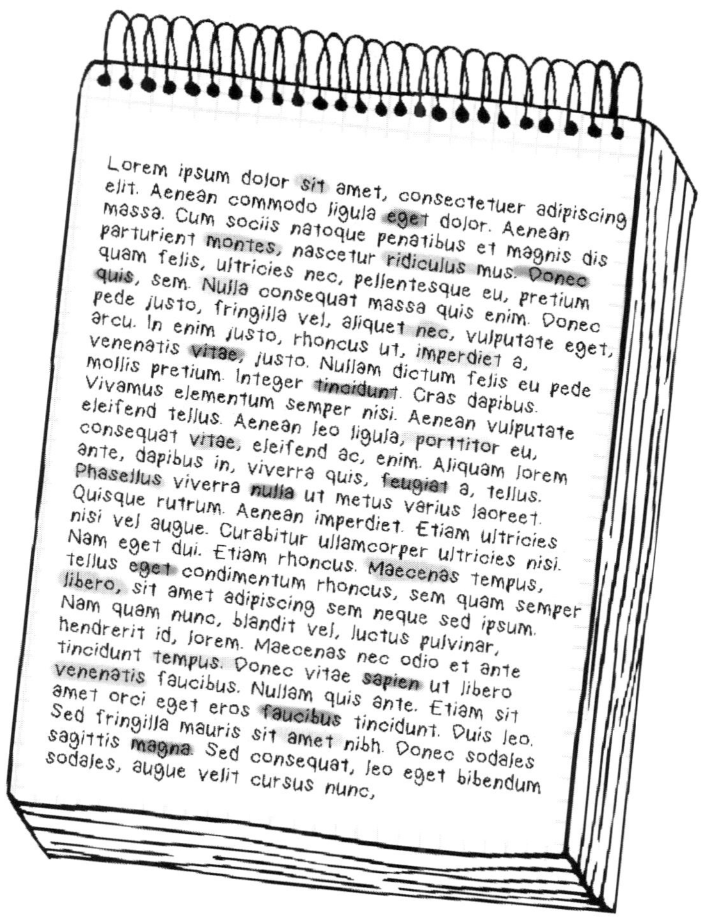

97. WOCHENPLANARBEIT

Definition:

Die Schüler erhalten einen schriftlich fixierten Plan mit verschiedenen Aufgabenstellungen. Innerhalb eines festgelegten Zeitrahmens von einer Woche arbeiten die Schüler an den entsprechenden Aufgaben.

Voraussetzungen:

Lernchancen:

- Die Schüler lernen, sich selbst zu organisieren sowie selbstständig und eigenverantwortlich zu arbeiten.
- Die Methode bietet Möglichkeiten zur inneren Differenzierung.
- Sie ermöglicht zudem eine angenehme und lernwirksame Arbeitsatmosphäre.

Durchführung:

- Der Lehrer verteilt den Schülern die zu erarbeitende Aufgaben für die Woche. Die Erarbeitung der Aufgaben erfolgt nach dem „Think-Pair-Share“ Prinzip. Zuerst arbeiten die Schüler in Eigenverantwortung und eigenständig.
- Im Anschluss werden die Schüler dazu aufgefordert, Partnerschaften und Lerngruppen zu bilden, um sich gegenseitig bei der Lösung der Aufgaben zu unterstützen.

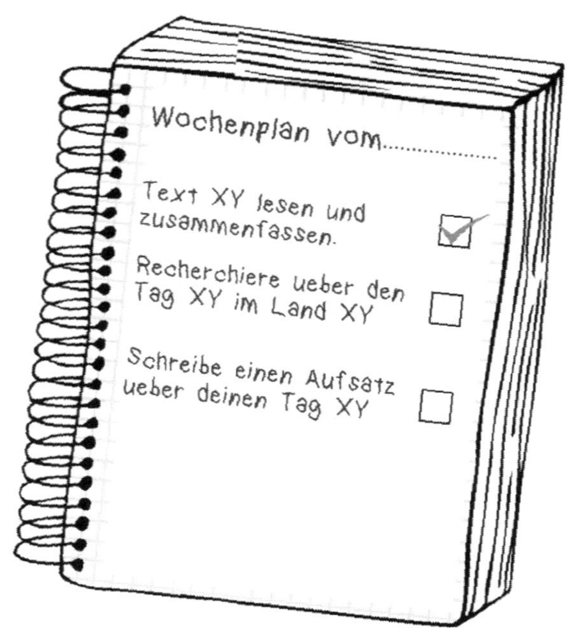

- Zur Differenzierung können neben Pflichtaufgaben auch freiwillige Aufgaben erteilt werden.
- Abgeschlossen wird der Wochenplan mit einer individuellen Rückmeldung des Lehrers.

Tipps:

- Um unzählige Arbeitsmaterialien zu vermeiden, empfiehlt es sich als Materialgrundlage, ein eingeführtes Schulbuch zu benutzen.
- Zu viele Aufgaben könnten kontraproduktiv wirken.
- Der Lehrer zieht sich weitgehend zurück und gibt am Ende jedem Schüler eine individuelle Rückmeldung.

98. WOLLFADEN-METHODE

Definition:

Die „Wollfaden-Methode“ eignet sich besonders für das kooperative Lernen, weil dadurch das elementare konstruktive Feedback in den Fokus gerückt wird. Sie bietet sich einerseits als Rückblick auf eine vorangegangene Unterrichtsreihe und andererseits zur Evaluation einer Unterrichtsstunde an.

Lernchancen:

- Diese Methode fördert die Methoden- und Sozialkompetenz.
- Sie schult die Schüler in ihren kommunikativen Fähigkeiten.

Voraussetzungen:

Durchführung:

- Der Lehrer fordert die Schüler dazu auf, einen Stuhlkreis zu bilden.
- Anschließend verteilt der Lehrer jedem Schüler einen Wollfaden.
- Nach der Reihe bittet der Lehrer die Schüler dazu auf, ihre Eindrücke während der Unterrichtsreihe / Unterrichtsstunde im Plenum zu äußern.
- Während des Redebeitrags legen die Schüler ihre Wollfäden aus, sodass ein

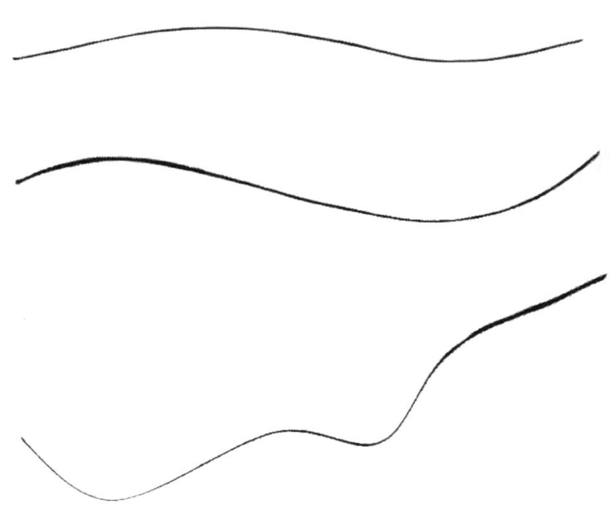

Muster entsteht. Beispielswese können wellenartige Muster für die verschiedenen Höhen und Tiefen stehen. Muster, die vorne flach und hinten hoch liegen, können darauf hinweisen, dass die gewonnenen Erfahrungen mit der Zeit mehr Spaß gemacht haben.

- Nach jedem Beitrag können Rückfragen seitens der Schüler oder des Lehrers gestellt werden.
- Nachdem alle Schüler zu Wort gekommen sind, wird eine Gesamtevaluation sowohl der Unterrichtsreihe / Unterrichtsstunde als auch der Methode durchgeführt werden.

Tipps:

- Der Lehrer sollte die Schüler darauf aufmerksam machen, dass es hierbei kein richtig oder falsch gibt.

99. WORLD CAFÉ

Definition:

Das World Café, auch als „One Stay – Three Stray“ bezeichnet, stellt eine rotierende Gruppenarbeit dar. Ein Schüler bleibt als Gastgeber am Gruppentisch sitzen und begrüßt die Gäste. Beim Wechsel begeben sich die Gäste an einen anderen Tisch, wo sie von einem neuen Gastgeber begrüßt werden.

Voraussetzungen:

Lernchancen:

- Der Gastgeber hat die Chance, sich von Vortrag zu Vortrag zu verbessern.
- Auch Schüler gewinnen die Möglichkeit zur Meinungsäußerung.
- Es findet ein Perspektivwechsel statt.
- In kurzer Zeit ist es möglich, verschiedene Inhalte kennenzulernen.
- Die Methode fördert die Urteils- wie auch Kooperationskompetenz der Schüler.

Durchführung:

- Auf dem Flipchart-Bogen sollte das zu diskutierende Thema verschriftlicht werden. Die Schüler werden in Gruppen eingeteilt und sitzen als Gruppe zusammen. Die Gruppe ermittelt, wer als Gastgeber, also als fixer Gesprächsrundenleiter, am Tisch sitzen bleiben wird.
- Anschließend begeben sich die übrigen Gruppenmitglieder an die nächsten Gruppentische. Der Gastgeber begrüßt seine Gäste und stellt die Frage oder die zur Diskussion anregenden Aussagen und fügt gegebenenfalls Erläuterungen hinzu. Der Gastgeber räumt den Gästen Zeit zur Überlegung ein und bittet die Gäste zur Verschriftlichung ihrer Meinung bzw. Einfälle auf dem Flipchart-Bogen.

- Anschließend findet der Meinungsaustausch statt. Währenddessen übernimmt der Gastgeber die Moderation. Die Diskussionsergebnisse hält der Gastgeber in einigen Sätzen zusammen.

- Am Ende begeben sich die Gäste an den nächsten Gruppentisch, während der Gastgeber weiterhin an seinem Tisch bleibt.

Tipps:

- Vor Beginn sollte geklärt werden, was erreicht werden soll und wie die einzelnen Fragen formuliert sein sollten. Die Fragen sollten spannend sein und die jeweiligen Gäste neugierig machen.

- Es ist auch möglich, beispielsweise bei einer größeren Anzahl an Gruppen, den Gastgeber jeder einzelnen Gruppe nach X Durchläufen zu wechseln.

- Beispiel: Bei sieben Gruppen wird der Gastgeber nach drei Durchläufen gewechselt, sodass der neue Gastgeber ebenfalls drei weitere Durchläufe vor sich hat. Diese optionale Herangehensweise erhöht die Aktivität der einzelnen Schüler wie auch die Urteils- und Kooperationskompetenz

100. ZUKUNFTSWERKSTATT

Definition:

Bei der Zukunftswerksatt entwickeln die Schüler eine für sich wünschenswerte Vorstellung der Zukunft. Startpunkt ist stets eine Problemstellung. Während der Problembearbeitung durchlaufen die Schüler verschiedene Phasen der Zukunftswerkstatt.

Voraussetzungen:

Lernchancen:

- Die Zukunftswerkstatt verbindet individuelles und kooperatives Lernen.
- Auf spielerische Weise entwickeln die Schüler ihre Problemlösekompetenz, Kreativität, Experimentierfreud und Fantasie.
- Der Teamgeist der Schüler wird besonders gefördert.

Durchführung:

- Der Lehrer stellt stets folgende zentrale Ausgangsfragen an die Schüler: „Wie kann eine bessere Zukunft aussehen und welche Wege leiten uns dorthin?"
- Die erste Phase ist die Vorbereitungsphase. Die Klasse einigt sich gemeinsam auf ein Thema, welches anschließend als zu lösenden Problemfrage formuliert wird. Die zweite Phase stellt die Kritikphase dar. In dieser Phase beschäftigen sich die Schüler mit der Frage: „Weshalb soll es nicht so weitergehen, wie bisher?" Sie äußern und verschriftlichen ihre Ideen, so dass eine Kritiksammlung und Problemlandschaft entstehen.
- Darauf folgt die Fantasiephase. Ausgehend von der Frage „Was wünschen wir uns?" entwickeln Schüler ihre Zukunftsvisionen. Dies kann als eine Collage angefertigt, gemalt oder ein Text geschrieben werden.

- Anschließend folgt die Verwirklichungsphase. Ausgehend von der Frage „Welche unserer Wünsche sollen auf jeden Fall verwirklicht werden“ entwickeln Schüler einen Aktionsplan. Sie definieren die erforderlichen Schritte und visualisieren die Problemstellung in Wandzeitungen oder in einem Rollenspiel.

- Die letzte Phase stellt die Nachbereitungsphase dar. Die Schüler halten eine Präsentation aus den vorherigen Arbeitsprodukten und reflektieren einzelne Phasen.

Tipps:

- Die Methode ist besonders für naturwissenschaftliche Fächer sowie Politik, Ethik und Religion gut geeignet.

- Das Aufsetzen von klaren Regeln ist zu empfehlen, wie z. B. die strikte Trennung der einzelnen Phasen.

Wie kann eine bessere Zukunft aussehen und welche Wege leiten uns dorthin?

Phase 1

? Welche Schritte sind notwendig, um die Erderwaermung auf ein Minimum herunterzufahren?

Phase 2

?! Obwohl Flugzeuge erheblich beitragen, wird nichts veraendert. Warum?

Phase 3

! Flugzeuge mit alternativem Antrieb, kein Flugverkehr mehr etc.

Rechtliches und Impressum

Die Inhalte dieses Buches wurden anhand von anerkannten Quellen recherchiert und mit hoher Sorgfalt geprüft. Der Autor übernimmt dennoch keinerlei Gewähr für die Aktualität, Richtigkeit und Vollständigkeit der bereitgestellten Informationen.

Haftungsansprüche gegen den Autor, welche sich auf Schäden gesundheitlicher, materieller oder ideeller Art beziehen, die durch Nutzung oder Nichtnutzung der dargebotenen Informationen bzw. durch die Nutzung fehlerhafter und unvollständiger Informationen verursacht wurden, sind grundsätzlich ausgeschlossen, sofern seitens des Autors kein nachweislich vorsätzliches oder grob fahrlässiges Verschulden vorliegt. Dieses Buch ist kein Ersatz für medizinische oder professionelle Beratung und Betreuung.

Dieses Buch verweist auf Inhalte Dritter. Der Autor erklärt hiermit ausdrücklich, dass zum Zeitpunkt der Linksetzung keine illegalen Inhalte auf den zu verlinkenden Seiten erkennbar waren. Auf die verlinkten Inhalte hat der Autor keinen Einfluss. Deshalb distanziert der Autor sich hiermit ausdrücklich von allen Inhalten aller verlinkten Seiten, die nach der Linksetzung verändert wurden. Für illegale, fehlerhafte oder unvollständige Inhalte und insbesondere für Schäden, die aus der Nutzung oder Nichtnutzung solcherart dargebotener Informationen entstehen, haftet allein der Anbieter der Seite, auf welche verwiesen wurde, nicht aber der Autor dieses Buches.

Auflage 08/2020

Kontakt: Tim Ong/ Türkstr. 4/ 30167 Hannover
Umschlaggestaltung: chaela (www.chaela.de) unter Verwendung von Motiven
von freepik.com und CanStockPhoto ©Nadiinko
Lektorat: Eugenie Dsos
Formatierung: individualgraphics
Layout: individualgraphics

11. Literaturverzeichnis

Antil, L. R.; Jenkins, J. R.; Wayne, S. K.; Vadasy, P. F. (1998): Cooperative learning – prevalence, conceptualizations, and the relationship between research and practice. In: American Educational Research Journal, Vol. 35 (3), S. 419-454

Barzel, B.; Büchter, A.; Leuders, T. (2016): Mathematik-Methodik – Handbuch für die Sekundarstufe I und II, Stuttgart: Cornelsen Verlag

Benkmann, R. (2009): Individuelle Förderung und kooperatives Lernen im gemeinsamen Unterricht. In: Empirische Sonderpädagogik, Vol. 1 (1), S. 143-156

Brüning, L.; Saum, T. (2006): *Erfolgreich unterrichten durch Kooperatives Lernen – Strategien zur Schüleraktivierung,* Essen: NDS Verlagsgesellschaft

Bundesverband Jugend und Film e. V. (2017): Station 4 – Tipps für die Filmanalyse mit Beispielen – Methoden der Filmanalyse. URL: https://www.edugroup.at/fileadmin/DAM/Dateien/Praxis/Filmerziehung/Station_4/ab02.pdf [Stand: 31-03-2020]

BVS Dormagen (2017): Kooperatives Partnerinterview. URL: http://bvsdormagen.de/data/PDF/kooperatives-partnerinterview.pdf [Stand: 27-03-2020]

Cohen, E. G. (1994): Restructuring the Classroom – Conditions for Productive Small Groups. In: *Review of Educational Research, Vol. 64 (1)*, S. 1-35

Cohen, E. G.; Lotan, R. A.; Abram, P. L.; Scarloss, B. A.; Schultz, S. E. (2002): Can groups learn? In: Teachers College Record, Vol. 104 (6), S. 1045-1068

Deutsch, M. (1949): A theory of co-operation and competition. In: Human Relations Vol. 2 (2), S. 129-152

Deutsch, M. (1962): Cooperation and Trust – Some Theoretical Notes. In: M. R. Jones (Hrsg.), Nebraska symposium on motivation, S. 275-319. Lincoln (NE): University of Nebraska Press

Dick, R. v.; West, M. A. (2005): *Teamwork, Teamdiagnose, Teamentwicklung, Reihe: Praxis der Personalpsychologie,* Bd. 8, Göttingen: Hogrefe

Dolschon, A. (2007): *Partnerinterview.* URL: http://www.foerdern-individuell.de/userfiles/Foerdern_im_Unterricht/Unterschiedliches_Lerntempo/Partnerinterview_Maske.pdf [Stand: 31-03-2020]

Green, N. (2004): *Gruppenbildung – Wie man Schüler dazu bringt, miteinander zu arbeiten* (übersetzt aus dem Englischen von Carmen Druyen), Barrie: Georgian College

Hattie, J. (2013): *Lernen sichtbar machen* (übersetzt aus dem Englischen von Wolfgang Beywl & Klaus Zierer), Baltmannsweiler: Schneider Verlag Hohengehren

Hattie, J. (2014): *Lernen sichtbar machen für Lehrpersonen* (übersetzt aus dem Englischen von Wolfgang Beywl & Klaus Zierer), Baltmannsweiler: Schneider Verlag Hohengehren

Heinrich Heine Universität Düsseldorf (2016): *Methodensammlung.* URL: https://www.uni-duesseldorf.de/home/fileadmin/redaktion/Lehre/Hochschuldidaktik/Downloads/Methodenbuch_Stand151216.pdf [Stand: 01-04-2020]

Hoffmann, C. (2009): Eine Klasse - ein Team! – Methoden zum kooperativen Lernen, Mühlheim: Verlag an der Ruhr

Horney, K. (1937): *The neurotic personality of our time*, New York (NY): Norton

Haag, L; Huber, A. (Hrsg.); Huber, G.; Konrad. K.; Rotering-Steinberg, S.; Wahl, D. (2004): *Kooperatives Lernen – kein Problem. Effektive Methoden der Partner- und Gruppenarbeit (für Schule und Erwachsenenbildung),* Leipzig: Ernst Klett Schulbuchverlag

Huber, G. (1993): *Neue Perspektiven der Kooperation – Ausgewählte Beiträge der Internationalen Konferenz 1992 über Kooperatives Lernen,* Baltmannsweiler: Schneider Verlag Hohengehren

Johnson, D. W. & Johnson, R. T. (1989): *Cooperation and competition – Theory and research,* Edina (MN): Interaction Book Company

Johnson, D. W. & Johnson, R. T. (2018): *An Overview of Cooperative Learning. URL:* http://www.co-operation.org/what-is-cooperative-learning [Stand: 24-03-2020]

Johnson, D. W. (2003): Social interdependence – The interrelationships among theory, research, and practice. In: *American Psychologist, Vol. 58* (11), S. 931-945

Johnson, D. W. & Johnson, R. T. (1999): *Learning together and alone – Cooperative, competitive, and individualistic learning,* 5. Aufl., Boston: Allyn & Bacon

Johnson, D. W. & Johnson, R. T. (2009): *Joining together – Group theory and group skills*, 10. Aufl., Boston: Allyn & Bacon

Johnson, D.W. (2009): *Reaching out – Interpersonal effectiveness and self-actualization*, 10. Aufl., Boston: Allyn & Bacon

TERRA GWG (2007): *Eine Karika-Tour durchführen, S. 114-115.* In: Gemeinschaftskunde-Wirtschaft für Gymnasien in Baden-Württemberg – Schülerbuch 9. Schuljahr, Leipzig: Klett

Klippert, H. (2002): *Methoden-Training – Übungsbausteine für den Unterricht,* 12. Aufl., Weinheim-Basel.: Beltz

Konrad, K. & Traub, S. (2010): *Kooperatives Lernen – Theorie und Praxis in Schule, Hochschule und Erwachsenenbildung,* Baltmannsweiler: Schneider Verlag Hohengehren

Lotan, R. A. (2003). Group worthy tasks – Carefully constructed group learning activities can foster students' academic and social growth and help close the achievement gap. In: *Educational Leadership, Vol 60 (6)*, S. 72-75

Meyer, E. & Winkel, R. (1991): *Unser Konzept – Lernen in Gruppen. Begründungen, Forschungen, Praxishilfen,* Baltmannsweiler: Schneider Verlag Hohengehren

Montagu, A. (1966): *On being human*, New York: Hawthorn

Nürnberger Projektgruppe (2003): *Erfolgreicher Gruppenunterricht – Praktische Anregungen für den Schulalltag,* Stuttgart: Klett Verlag

Pädagogisches Landesinstitut Rheinland-Pfalz (2016): *Partnerpuzzle.* URL: https://heterogenitaet.bildung-rp.de/materialien/aktivieren/formen-des-kooperativen-lernens-partnerpuzzle.html [Stand: 20-03-2020]

Paderborn Westfalen-Kolleg (2018): *Das „Schreibgespräch".* URL: http://kokolele.de/clou_new/Das-Schreibgespraech.pdf [28-03-2020]

Petersen, S. (2001): Rituale für kooperatives Lernen in der Sekundarstufe I, Berlin: Cornelsen Scriptor

Renkl, A. & Beisiegel, S. (2003): *Lernen in Gruppen – ein Minihandbuch*, 1. Aufl., Landau: Empirische Pädagogik e. V

Riepel, H. A. (2019): *Methode – Die Diskussion.* URL: http://www.riepel.net/methoden/Diskussion.pdf [Stand: 10-03-2020]

Sachsen Schule (2012): *Methode 1 – Argumentationsstafette.* URL: https://www.sachsen.schule/~sud/methodenkompendium/module/2/4_1.htm [Stand: 25-03-2020]

Sachsen Schule (2012): *Methode 3 – Graffiti Steps.* URL: https://www.sachsen.schule/~sud/methodenkompendium/module/2/3_3.htm [Stand: 25-03-2020]

Steiner, T. (2016): *Kooperatives Lernen Methode 3 – Das Venn Diagramm.* URL: https://www.grundschul-ideenbox.de/3-methode-kooperatives-lernen/ [Stand: 14-03-2020]

Scholz, L. (2010): *Methodenkiste – Thema im Unterricht / Extra.,* Bundeszentrale für politische Bildung (hrsg.), 4. überarb. Aufl.,

Scriven, M. (1991): *Evaluation thesaurus*, 4. Aufl., Newbury Park (CA): Sage Publications

Sliwka, A. & Frank, S. (2004). *Service Learning – Verantwortung Lernen in Schule und Gemeinde,* Weinheim-Basel.: Beltz

SP – TELG (2018). *What is Cooperative Learning*? URL: https://serc.carleton.edu/introgeo/cooperative/webgroup.html [Stand: 24-03-2020]

Stockmann, R. (2006): Evaluationsforschung – Grundlagen und ausgewählte Forschungsfelder, 3. Aufl., *Sozialwissenschaftliche Evaluationsforschung,* Bd. 1, München: Waxmann Verlag

Tuckman, B. W. (1965): Developmental sequence in small groups. In: *Psychological Bulletin, Vol. 63 (6),* S. 384-399

Universität Köln (2017): *Darstellung der Methode – Gruppenarbeit.* URL: http://methodenpool.uni-koeln.de/gruppenarbeit/darstellung.html [Stand: 08-03-2020]

Wahl, D. (2013): *Lernumgebungen erfolgreich gestalten – Vom trägen Wissen zum kompetenten Sammeln,* 3. Aufl., Bad Heilbrunn: Julius Klinkhardt Verlag

WB WEB (2018): *Think-Pair-Share.* URL: https://wb-web.de/material/methoden/Think-Pair-Share.html [Stand: 20-03-2020]

Webb, N. M.; Nemer, K. M. & Ing, M. (2006): Small-group reflections – Parallels between teacher discourse and student behavior in peer-directed groups. In: *Journal of the Learning Sciences, Vol. 15 (1),* S. 63-119

West, M. (1994): *Effective Teamwork*, Exeter: BPC Wheatons

12. Bilderverzeichnis

Happypictures/depositphotos.com, ID: 346510606

Katerina_Day/depositphotos.com, ID: 54167787

mocoo2003/depositphotos.com, ID: 50614767

tupungato/depositphotos.com, ID: 21082863

opicobello/depositphotos.com, ID: 48678857

Kreativ/depositphotos.com, ID: 12068019

cteconsulting/depositphotos.com, ID: 6090615

binik1/depositphotos.com, ID: 83189042

lhfgraphics/depositphotos.com, ID: 13884006

glossygirl21/depositphotos.com, ID: 12458533

zsooofija/depositphotos.com, ID: 63391619

Silmen/depositphotos.com, ID: 26558203

ilyaka/depositphotos.com, ID: 10346127

DNKSTUDIO/depositphotos.com, ID: 1160407

bioraven/depositphotos.com, ID: 30152279

robodread/depositphotos.com, ID: 11790055

Introwiz/depositphotos.com, ID: 12491093

geo-grafika/depositphotos.com, ID: 43213985

S.76 (77): Eigene Darstellung, inhaltlich angelehnt an Lothar Scholz, Die Methode 6 – 3 – 5, Bundeszentrale für politische Bildung (hrsg.), S. 10

S. 80 (81): Eigene Darstellung in Anlehnung an Teach Economy: Methoden – Amerikanische Debatte. URL: https://www.teacheconomy.de/unterrichtsmaterial/methoden/ [Stand: 03-03-2020]

S. 84 (85): Eigene Darstellung, inhaltlich angelehnt an Lippert, C.-P.: Kooperative Methoden – Zusammenarbeitsstrukturen, S. 17

S. 128 (129): Eigene Darstellung, inhaltlich angelehnt an Günther, C. & Jahreiß, A. (2016): Graffiti-Methode (Rotation)

S. 209 (210): Eigene Darstellung in Anlehnung an Alexander-von-Humboldt-Mittelschule Marktredwitz: Methodencurriculum – Kugellager

S. 228 (229): Eigene Darstellung in Anlehnung an Pelz, N. (2011): Bedienungsanleitung – Sozialevent für Wissenschaftler und andere Kopfarbeiter

S. 244 (245): Eigene Darstellung, Thesenraster inhaltlich angelehnt an Lothar Scholz, Methoden-Kiste –Thesen Methode und -Spiele II, Bundeszentrale für politische Bildung (hrsg.), S. 29

Printed in Poland
by Amazon Fulfillment
Poland Sp. z o.o., Wrocław

78227570R00166